Edition Flusser · Band IV

EDITION FLUSSER
Herausgegeben von
Andreas Müller-Pohle

Vilém Flusser führt in diesem Buch seine in *Für eine Philosophie der Fotografie* begonnenen Untersuchungen fort, die über die Fotografie hinaus das gesamte Gebiet der technischen Bilder umfassen. Ausgehend von den heute erkennbaren Phänomenen entwickelt er ein Zukunftsmodell der telematischen Informationsgesellschaft und der sie bestimmenden Daseinskategorien. Eine Utopie also, doch nicht im Sinne einer bloßen Futurisierung des Fantastischen, sondern als Kritik an der Gegenwart verstanden. Denn, und darin folgt dieser Band der Methode der »Fotophilosophie«, was immer wir für die Zukunft erwarten können, ist bereits in der Gegenwart angelegt und kann – als Möglichkeit – aus ihr herausgelesen werden. Dieses Buch handelt davon, die wahrscheinlicheren unter den möglichen, heute erkennbaren Tendenzen in die Zukunft weiterzuverfolgen.

Vilém Flusser, 1920–1991, Kultur- und Kommunikationsphilosoph. Hauptwerke: *Für eine Philosophie der Fotografie* (Göttingen 1983), *Ins Universum der technischen Bilder* (Göttingen 1985), *Die Schrift. Hat Schreiben Zukunft?* (Göttingen 1987), *Gesten* (Bensheim 1991).

Vilém Flusser

Ins Universum der technischen Bilder

EDITION FLUSSER

Ohne Andreas Müller-Pohle, dessen fotografische und theoretische Arbeiten mich stark beeinflußt haben, wäre dieses Buch entweder überhaupt nicht oder ganz anders geschrieben worden. V. F.

Flusser, Vilém: Edition Flusser/hrsg. von Andreas Müller-Pohle
Berlin: European Photography. ISBN 978-3-923283-38-5

Bd. 4. Flusser, Vilém: Ins Universum der technischen Bilder
7., durchges. Aufl. – 2018

Flusser, Vilém: Ins Universum der technischen Bilder
Vilém Flusser. – 7. Aufl. – Berlin: European Photography, 2018
(Edition Flusser; Bd. 4). ISBN 978-3-923283-68-2

Zweite Auflage 1989
Dritte Auflage 1990
Vierte, durchges. Auflage 1992
Fünfte Auflage 1996
Sechste Auflage 2000
Siebte, durchges. Auflage 2018

Herstellung: PieReg Druckcenter Berlin GmbH
Edition Flusser, Postfach 80227, 10002 Berlin, www.flusser.net

INHALT

0. WARNUNG

Mit den hier unterbreiteten Gedanken soll der Versuch gemacht werden, die sich in den gegenwärtigen technischen Bildern (wie Fotografien oder Fernsehbildern) äußernden Tendenzen ein kleines Stück weiterzuverfolgen. Dabei gelangen diese Gedanken in das Gebiet einer künftigen, elektronische Bilder synthetisierenden Gesellschaft. Das wird, von hier und jetzt aus gesehen, eine abenteuerliche Gesellschaft sein, in der sich das Leben von unserem eigenen radikal unterscheidet. Die gegenwärtigen wissenschaftlichen, politischen und künstlerischen Kategorien werden dort kaum mehr wiederzuerkennen sein, und selbst das Lebensgefühl, die existentielle Stimmung, wird in dieser Gesellschaft eine uns neue und fremde Färbung haben. Es geht hierbei nicht um eine in weiter Ferne schwebende Zukunft: Wir sind bereits jetzt und hier auf dem Absprung dorthin. Zahlreiche Aspekte dieser abenteuerlich neuen Gesellschafts- und Lebensform sind schon heute an unserer Umgebung und an uns selbst ersichtlich. Wir leben in einer emportauchenden Utopie, die gleichsam vom Grund her in unsere Umwelt und in unsere Poren eindringt. Was um uns herum und in uns geschieht, ist fantastisch, und alle vorangegangenen Utopien, seien sie positiv oder negativ gewesen, verblassen angesichts dessen, was da emportaucht. Das eben will der folgende Essay besprechen.

Utopie bedeutet Bodenlosigkeit, Abwesenheit eines Ortes, an den man sich halten könnte. Wir stehen der emportauchenden, unmittelbaren Zukunft haltlos gegenüber – außer wir klammerten uns an jene Strukturen, welche die Utopie aus sich heraus gebären. Das ist in diesem Essay geschehen: Er klammert sich an die gegenwärtigen technischen Bilder, er »kritisiert« sie. In diesem Sinne stellt er eine Weiterführung und Korrektur der Argumente dar, die in einem vorangegangenen Essay, nämlich in *Für eine Philosophie der Fotografie,* vorgebracht wurden. Daher will dieser Essay nicht (oder nicht in erster Linie) als eine Futurisierung des Fantastischen gelesen werden, sondern als eine Kritik an der Gegenwart – auch wenn in dieser Kritik das einbrechende und überhandnehmende Gefühl der Haltlosigkeit in der Emergenz des Neuen mitschwingen wird.

Geht man nun derart von den gegenwärtigen technischen Bildern aus, dann erkennt man in ihnen zwei divergierende Grundtendenzen. Die eine weist in Richtung einer zentral programmierten, totalitären Gesellschaft von Bildempfängern und Bildfunktionären, die andere in Richtung einer dialogisierenden telematischen Gesellschaft von Bilderzeugern und Bildsammlern. Beide diese Gesellschaftsformen sind von uns aus gesehen fantastisch, wenn auch die erste eher den Charakter einer negativen, die zweite einer positiven Utopie hat. Es steht uns allerdings heute noch frei, diese Wertungen in Frage zu stellen. Was uns nicht mehr freisteht, ist, die Dominanz der technischen Bilder über die künftige Gesellschaft in Frage zu stellen. Sollte keine Katastrophe einbrechen – und die ist ex definitione unvorhersehbar –, dann werden mit an Sicherheit grenzender Wahrscheinlichkeit die technischen Bilder das existentielle Interesse der künftigen Menschen auf sich konzentrieren.

Eben dies berechtigt und zwingt uns, die emportauchende Gesellschaft eine utopische zu nennen. Sie wird sich an keinem Ort und in keiner Zeit mehr befinden, sondern in eingebildeten Flächen; in Flächen, welche Geografie und Geschichte verschlingen. Der folgende Essay hat vor, diese traumhafte Lebensstimmung, wie sie sich um die technischen Bilder herum zu kondensieren begonnen hat, in den Griff zu bekommen: die Lebensstimmung der »reinen Informationsgesellschaft«.

Dieses warnende Vorwort wurde, wie in den meisten Fällen, nach Beendigung der Arbeit geschrieben. Es trieft gewissermaßen noch von den Erfahrungen und Gefahren der eben beendeten Reise ins Land unserer Kinder und Enkel. Daher soll es eine Warnung sein: Man erwarte vom folgenden Essay nicht Antworten, sondern Fragen, selbst wenn sich diese Fragen gelegentlich als Antworten maskieren sollten. Anders gesagt: Dieser Essay versucht nicht, irgendeine Lösung der heranrückenden Probleme vorzuschlagen, sondern die ihnen zugrundeliegenden Tendenzen kritisch in Frage zu stellen.

1. ABSTRAHIEREN

Gegenstand dieses Essays ist das Universum der technischen Bilder. Jenes Universum, das seit einigen Jahrzehnten daran ist, in Form von Fotos, Filmen, Videos, Fernsehschirmen und Computerterminals eine Funktion zu übernehmen, welche bislang von linearen Texten eingenommen wurde, die Funktion nämlich, die für die Gesellschaft und den einzelnen lebenswichtigen Informationen zu tragen. Es geht um eine Kulturrevolution, deren Reichweite und Konsequenzen wir erst zu ahnen beginnen. Da der Mensch im Unterschied zu den übrigen Lebewesen vor allem aufgrund erworbener und weniger aufgrund genetisch ererbter Informationen lebt, hat die Struktur der Informationsträger einen entscheidenden Einfluß auf unsere Lebensform. Wenn Texte von Bildern verdrängt werden, dann erleben, erkennen und werten wir die Welt und uns selbst anders als vorher: nicht mehr eindimensional, linear, prozessual, historisch, sondern zweidimensional, als Fläche, als Kontext, als Szene. Und wir handeln auch anders als vorher: nicht mehr dramatisch, sondern in Beziehungsfelder eingebettet. Was sich gegenwärtig vollzieht, ist eine Mutation unserer Erlebnisse, Erkenntnisse, Werte und Handlungen, eine Mutation unseres In-der-Welt-Seins.

Lineare Texte haben ihre dominante Stellung als Träger der lebenswichtigen Informationen nur etwa viertausend Jahre lang eingenommen. Nur etwa für jene Dauer also, die, im genauen Sinne des Wortes, »Geschichte« genannt wird. Vorher, für die Dauer der etwa 40000 Jahre der »Vorgeschichte«, wurden diese Informationen von anders strukturierten Medien, insbesondere von Bildern, getragen. Und selbst während der relativ kurzfristigen Vorherrschaft der Texte haben die Bilder weitergewirkt und die Textvorherrschaft dialektisch streitig gemacht. So daß man angesichts des gegenwärtig emportauchenden Universums der technischen Bilder das folgende zu sagen versucht ist: Die linearen Texte haben im Dasein der Menschheit nur eine vorübergehende Rolle gespielt, die »Geschichte« war nur ein Zwischenspiel, und wir sind gegenwärtig dabei, in die »normale« Lebensform zurückzukehren, in die Zweidimensionalität, ins Imaginäre, Magische und Mythische. Zahlreiche Aspekte der emportauchenden Lebensform, zum Beispiel die aus den technischen Bildern strahlende Magie oder das magisch-rituelle Verhalten des von technischen Bildern Informierten, scheinen diese Ansicht bestätigen zu wollen.

Der vorliegende Essay hat vor, diese Ansicht als irrig auszuweisen. Er wird nämlich behaupten, daß die technischen Bilder anders geartet sind als die früheren, hier »traditionell« genannten Bilder. Und zwar insofern, als die technischen Bilder auf Texten beruhen, aus diesen hervorgegangen sind und nicht eigentliche Flächen darstellen, sondern aus Punktelementen zusammengesetzte Mosaiken. Daß sie folglich nicht »vorgeschichtliche«, zweidimensionale Strukturen sind, sondern »nachgeschichtliche«, nulldimensionale, und daß wir nicht etwa in eine vorgeschichtliche Zweidimensionalität zurückkehren, sondern in eine nachgeschichtliche Nulldimensionalität emportauchen. Um diese Behauptung zu stützen, schlägt dieses Kapitel ein Modell vor, mit dessen Hilfe die unterschiedliche »ontologische Stellung« der traditionellen und der technischen Bilder verdeutlicht werden soll.

Das Modell ist eine aus fünf Stufen bestehende Leiter. Die Menschheit ist diese Leiter Schritt für Schritt aus dem Konkreten hinaus in immer höhere Abstraktionen emporgeklommen: ein Modell der Kulturgeschichte und der Entfremdung des Menschen vom Konkreten.

Erste Stufe: Das Tier und der »Naturmensch« (diese contradictio in adjecto) sind in eine Lebenswelt gebadet, in eine vierdimensionale Raumzeit, welche das Tier und den »Naturmenschen« angeht. Es ist die Stufe des konkreten Erlebens.

Zweite Stufe: Die uns vorangegangenen Menschenarten (etwa zwischen –2000000 und –40000 Jahren) standen als Subjekte einem objektiven Umstand entgegen, einem dreidimensionalen, aus behandelbaren Objekten bestehenden Umstand. Es ist die Stufe des Fassens und Behandelns. Auf ihr stehen Gegenstände (zum Beispiel Steinmesser und geschnitzte Figuren).

Dritte Stufe: Homo sapiens sapiens hat zwischen sich und den objektiven Umstand eine imaginäre, zweidimensionale Vermittlungszone geschoben, und er erfaßt und behandelt den Umstand dank dieser Vermittlung. Es ist die Stufe der Anschauungen und des Imaginierens. Auf ihr stehen die traditionellen Bilder (zum Beispiel die Höhlenmalereien).

Vierte Stufe: Vor etwa viertausend Jahren wurde zwischen den Menschen und seine Bilder eine weitere Vermittlungszone, die der linearen Texte, eingeschoben, der der Mensch von nun an den Großteil seiner Anschauungen verdankt. Es ist die Stufe des Begreifens, des Erzählens, die historische Stufe. Auf ihr stehen die linearen Texte (zum Beispiel Homer und die Bibel).

Fünfte Stufe: Die Texte haben sich jüngst als unzulänglich erwiesen. Sie erlauben keine weiteren Bildvermittlungen mehr, sie sind unanschaulich geworden. Und sie zerfallen zu Punktelementen, welche gerafft werden müssen. Es ist die Stufe des Kalkulierens und des Komputierens. Auf ihr stehen die technischen Bilder.

Die Absicht des hier vorgeschlagenen Modells ist selbstverständlich nicht, die Kulturgeschichte schematisieren zu wollen. Das wäre ein lächerlich naives Unterfangen. Das Modell soll vielmehr die Aufmerksamkeit auf die Schritte konzentrieren, welche von einer Stufe des Modells auf die nächste führen. Es soll letztlich zeigen, daß die traditionellen Bilder das Resultat eines völlig andersgearteten Schritts zurück aus dem Konkreten sind als die technischen Bilder. Es soll zeigen, daß die technischen Bilder völlig neuartige Medien sind, auch wenn sie in vielerlei Hinsicht an traditionelle Bilder erinnern mögen, und daß sie etwas völlig anderes als die traditionellen Bilder »bedeuten«. Kurz: daß es bei ihnen tatsächlich um eine Kulturrevolution geht.

Man könnte gegen die Einführung dieses Modells einwenden, daß es nicht nötig ist, so weitschweifende, zwei Millionen Jahre umfassende Hypothesen aufzustellen, wenn es nur darum geht, die traditionellen von den technischen Bildern zu unterscheiden. Es müßte doch eigentlich genügen, die technischen Bilder als jene zu definieren, die ihr Entstehen technischen Apparaten verdanken. Aber gerade diese eigentlich selbstverständliche Unterscheidung erweist sich als für die hier vertretene These ungenügend. Denn hier wird behauptet, daß wir der eben emportauchenden, von den technischen Bildern hervorgerufenen, abenteuerlich neuen Lebensform nur dann gerecht werden können, wenn wir versuchen, bis zu den Wurzeln unseres In-der-Welt-Seins zu tauchen. Angesichts dieser Radikalität ist die Weitschweifigkeit des vorgeschlagenen Modells unerläßlich.

Die fünf Stufen der Leiter, welche aus dem konkreten Erleben der Umwelt ins Universum der technischen Bilder führt, sind voneinander durch Intervalle getrennt, die übersprungen werden mußten, Intervalle, die wir im Verlauf unseres Lebens auch tatsächlich immer wieder in beiden Richtungen der Leiter überspringen müssen. Bei jedem dieser Sprünge wechseln wir aus einem Universum in ein anderes, und es soll nun versucht werden, sie im einzelnen, Schritt für Schritt, zu bedenken.

Erster Schritt: Im Unterschied zum Tier, auch zu den Primaten, verfügt der Mensch über Hände, welche die ihn angehende Lebenswelt aufhalten und zum Stillstand bringen können (so daß die Lebenswelt ihn nicht mehr angeht). Dieses Ausstrecken der Hand gegen die Welt kann als »Handlung« bezeichnet werden. Dank ihr zerfällt die Lebenswelt in zwei Regionen: in die Region der nun stillstehenden, »verstandenen« Gegenstände und in die Region des »verstehenden«, den Gegenständen gegenüberstehenden menschlichen Subjekts; in die Region des objektiven Umstands und in die Region der Ek-sistenz des Menschen. Die Handlung abstrahiert das Subjekt aus der Lebenswelt, klammert es aus ihr aus, und was übrigbleibt, ist das dreidimensionale Universum der zu fassenden Gegenstände, der zu lösenden Probleme. Dieses Universum der Objekte kann nun vom Subjekt umgeformt, »informiert« werden. Kultur ist die Folge.

Zweiter Schritt: Hände handeln nicht blindlings, sondern unter Augenkontrolle. Die Koordination von Hand und Auge, von Handeln und Schauen, von Praxis und Theorie ist ein Grundthema des Daseins. Man kann den Umstand anschauen, bevor man ihn behandelt. Zwar sehen die Augen nur die Oberflächen der zu behandelnden Objekte, doch dafür überblicken sie ein weiteres Feld als jenes, welches die Hände fassen. Und sie sehen Zusammenhänge. Sie können Vorbilder für späteres Handeln herstellen. Dieses der Handlung vorangehende Überblicken des Umstands kann »Weltanschauung« genannt werden. Es geht um ein Abstrahieren der Tiefendimension aus dem Umstand, und dank ihr entsteht eine zweidimensionale, imaginäre Region zwischen Umstand und Subjekt: das Universum der traditionellen Bilder.

Dritter Schritt: Die Bilder stellen den Umstand vor: man muß ihn durch sie hindurch, »vermittels der Bilder«, fassen und verändern. Fassen und Handeln sind Folgen von Vorstellungen, und da die Bilder zweidimensional sind, verhalten sich die Vorstellungen in ihnen zirkulär, das heißt, die eine erhält von der anderen ihre Bedeutung, welche diese ihrerseits der anderen verleiht. Ein solches Wechselverhältnis der Bedeutungen heißt »magisch«. Das Fassen und Verändern der Umwelt durch Bilder hindurch ist eine magische Handlung. Will man den Weg zurück zum Umstand ohne Bildvermittlung finden, will man die Handlung ent-magisieren, dann muß man die Vorstellungen aus dem magischen Kontext der Bildfläche herausreißen und in eine andere Ordnung bringen. Die Schwierigkeit dabei ist, daß die Bilder nicht faßbar sind: sie haben keine Tiefe, sie sind nur ersichtlich. Aber man kann ihre Flächen mit Fingern begreifen, und wenn die Finger die Vorstellungen aus der Fläche heben, um sie zu begreifen, können sie sie zählen und erzählen. Dank dieser »Begreifen« zu nennenden Geste entstehen lineare Texte. Es geht um ein Übersetzen von Vorstellungen in Begriffe, um ein »Erklären« der Bilder, ein Zerfasern der Bildflächen zu Zeilen. Also um ein Abstrahieren der Höhe aus den Bildflächen, ein Reduzieren der Bilder auf die Eindimensionalität der Zeile. Dank ihm entsteht das konzeptuelle Universum der Texte, der Rechnungen, der Erzählungen und Erklärungen, welche als Projekte für nichtmagisches Handeln dienen.

Vierter Schritt: Texte sind abakusartige Reihen von aufgefädelten Begriffen, und die die Begriffe ordnenden Fäden sind Regeln, »orthografische Regeln«. Der von den Texten beschriebene Umstand erscheint durch diese Regeln hindurch, er wird nach ihnen begriffen und behandelt, das heißt, die Textstruktur drückt sich auf den Umstand auf, so wie sich auch die Bildstruktur auf ihn aufdrückt. Beides, Text und Bild, sind »Meditationen«. Dies ist lange verborgen geblieben, weil die »orthografischen Regeln« (vor allem die Logik und die Mathematik) zu einem weit wirksameren Handeln führten als die vorangegangene Magie. Und wir beginnen erst in jüngster Zeit festzustellen, daß wir diese Regeln nicht etwa im Umstand »entdecken« (zum Beispiel in Form von Naturgesetzen), sondern daß sie von unseren wissenschaftlichen Texten selbst hineingetragen wurden. Dadurch verlieren wir das Vertrauen zu den Rechtschreibregeln. Wir erkennen in ihnen Spielregeln, die auch anders sein könnten, und mit dieser Erkenntnis zerfallen schließlich die ordnenden Fäden und kollern die Begriffe auseinander. Und zwar zerfällt der zu beschreibende Umstand zu einem Schwarm von Partikeln und Quanten und das schreibende Subjekt zu einem Schwarm von Informationsbits, Entscheidungsmomenten und Aktomen. Übrig bleiben dimensionslose Punktelemente, die weder faßbar noch vorstellbar, noch begreifbar sind – unzugänglich für Hände, Augen und Finger. Aber sie sind kalkulierbar (»calculus« = Steinchen) und können mittels spezieller, mit Tasten versehener Apparate gerafft (»komputiert«) werden. Man kann diese mit Fingerspitzen auf Apparat-Tasten drückende Geste »Kalkulieren und Komputieren« nennen. Dank ihr entstehen mosaikartige Raffungen von Punktelementen: die technischen Bilder. Ein komputiertes Universum, in welchem Punktelemente zu scheinbaren Bildern eingebildet werden. Dieses eben entstehende Universum, dieses dimensionslose, eingebildete Universum der technischen Bilder soll den Umstand begreiflich, vorstellbar und faßbar machen. Das ist das hier zu besprechende Thema.

Demnach wäre dies der Unterschied zwischen traditionellen und technischen Bildern: die ersten sind Anschauungen von Gegenständen, die zweiten Komputationen von Begriffen. Die ersten entstehen durch Imagination, die zweiten durch eine eigentümliche Einbildungskraft, nachdem das Vertrauen zu Regeln verlorengegangen ist. Dieser Essay wird die Einbildungskraft besprechen. Doch muß zuvor die Imagination aus der Diskussion ausgeschaltet werden, um jede Verwechslung zwischen traditionellen und technischen Bildern zu vermeiden.

2. IMAGINIEREN

Die Spaltung der Lebenswelt in Objekt und Subjekt geschah vermutlich vor zwei Millionen Jahren irgendwo in Ostafrika. Vor etwa 40 000 Jahren, wohl in irgendeiner Höhle in Südwesteuropa, trat nun das Subjekt weiter in seine Subjektivität zurück, um den ihm gegenüberstehenden objektiven Umstand zu überblicken. Doch mit solchem Abstand ist der Umstand nicht mehr handgreiflich, manifest, denn die Hand kann ihn nicht mehr erreichen. Er ist nur noch ersichtlich, er erscheint nur noch. Aus dem objektiven wird ein scheinbarer, »phänomenaler« Umstand, und damit ein trügerischer: Die Hände, die dem Augenschein folgen, können danebenfassen. Das Subjekt ist in den Zweifel über die Objektivität seines Umstands zurückgetreten, und aus diesem Zweifel heraus macht es sich Anschauungen, Bilder.

Die Bilder sollen den Handlungen als Vorbilder dienen. Denn obwohl sie nur die Oberflächen von Gegenständen zeigen, erlauben sie doch, vorher ungeahnte Zusammenhänge zwischen den Gegenständen zu sehen. Bilder zeigen nicht Sachen, sie zeigen Sachverhalte. Und das erlaubt der Hand, weiter und tiefer als vorher in den Umstand zu fassen. Dabei stehen dem Bildermacher jedoch zwei Hindernisse im Wege. Denn erstens ist jede Anschauung subjektiv, sie ist ein Ausblick von einem Standpunkt aus. Und zweitens ist jede Anschauung flüchtig, da sich der Standpunkt in ständiger Schwankung befindet. Sollen also die Bilder zu Vorbildern für Handlungen werden, so muß man sie anderen zugänglich machen, sie intersubjektivieren, und man muß sie festhalten, lagern. Man muß sie »publizieren«.

Die ersten uns bekannten Bildermacher (zum Beispiel in Lascaux) haben ihre Anschauungen an Höhlenwänden festgehalten, um sie anderen (auch uns) zugänglich zu machen. Das heißt: Sie haben gehandelt (denn dem Festhalten dienen die Hände), und dies auf eine neuartige Weise, insofern nämlich ihre Hände nicht nach Gegenständen faßten (zum Beispiel nach Stieren), sondern nach Flächen, welche Gegenstände (zum Beispiel Stiere) vorstellen sollten. Sie faßten nach Symbolen, und es ging um eine symbolische Handlung; um eine Geste, bei der sich die Hände gewissermaßen vom Umstand abwenden, um sich ins Innere des Subjekts zu wenden, in welchem nun, derart aufgewühlt, eine neue Bewußtseinsebene emportaucht: die »imaginative«. Und aus diesem imaginativen Bewußtsein ist das Universum der traditionellen Bilder, der symbolischen Sachverhalte entstanden, jenes Universum, das von nun an als Vorbild für das Behandeln der Umwelt (zum Beispiel die Stierjagd) diente.

Derart zu Sachverhalten geordnete Symbole heißen Codes, und sie können von Eingeweihten entschlüsselt werden. Um intersubjektiv sein zu können (von anderen entschlüsselt werden zu können), muß sich jedes Bild auf einen der Gesellschaft (den Eingeweihten) bekannten Code stützen. Auf einen hergebrachten Code, was der Grund ist, warum in diesem Essay die Bilder »traditionell« genannt werden. Jedes Bild muß ein Glied einer Bilderkette sein, denn stünde es nicht in der Tradition, wäre es nicht zu entziffern. Das eben bedeutet »publizieren«: eine subjektive Anschauung in Symbole eines Gesellschaftscodes zu fassen. Freilich muß dies nicht immer gelingen. Da jede Anschauung subjektiv ist, wird sich bei jedem neuen Bild irgendein neues Symbol in den Code einschieben. Jedes neue Bild wird sich also um ein Geringfügiges von den vorangegangenen unterscheiden und somit ein »Original« sein. Es wird den Gesellschaftscode verändern und die Gesellschaft »informieren«. Das eben ist die Gewalt der Imagination: daß sie der durch Bilder informierten Gesellschaft erlaubt, immer neue Erfahrungen und Erlebnisse zu haben und zu immer neuen Wertungen und Handlungen zu gelangen.

Es ist jedoch ein verhängnisvoller Anachronismus, diese ständigen Wandlungen des Bildcodes als einen Entwicklungsprozeß anzusehen und etwa von einer »Geschichte der Bilder« (zum Beispiel der Stierbilder von Lascaux bis Mesopotamien und Ägypten) zu sprechen. Oder etwa zu behaupten, daß sich diese Geschichte im Vergleich zu unserer eigenen langsam entwickelt habe. Denn was die Bildermacher beabsichtigen, war ja gerade nicht, »Originale« herzustellen und die Gesellschaft zu »informieren«, sondern im Gegenteil den von ihnen vorangegangenen Bildern so treu wie möglich zu bleiben und ihre Tradition so ungetrübt von »Geräuschen« wie möglich weiterzugeben.

Sie versuchten, ihre Subjektivität auf ein Minimum zu reduzieren, eine Einstellung, die an den gegenwärtigen sogenannten »vorgeschichtlichen« Kulturen beobachtet werden kann. Die afrikanische Maske, das indianische Gewebe bemühen sich, einen unveränderlichen, »ewigen« Code, einen Mythos zu tragen, und soweit die Maske, das Gewebe »originell« sind, soweit sie »informieren«, sind sie mißlungen.

Das Universum der traditionellen Bilder ist ein magisches und Mythen weitergebendes Universum, und wenn es sich dennoch und immer wieder verändert, dann durch unbeabsichtigten Zufall, durch Unfall. Es ist ein vorgeschichtliches Universum. Erst seit – vor etwa viertausend Jahren – die linearen Texte emportauchen und mit ihnen das begriffliche, historische Bewußtsein, erst seither kann mit Recht von einer »Geschichte der Bilder« gesprochen werden. Denn erst dann stellt sich die Imagination in den Dienst (und Widerspruch) des begrifflichen Denkens, und erst dann bemühen sich die Bildermacher um »Originale«, um bewußte Einführung neuer Symbole, um Herstellung von Information. Erst dann wird der Zufall nicht mehr als Unfall, sondern als Einfall angesehen. Die Bilder unserer Geschichte sind von Texten infiziert, sie illustrieren Texte, und die Imagination unserer Bildermacher ist von begrifflichem Denken infiziert, sie versucht, Prozesse festzuhalten.

Das noch von Texten ungetrübte Universum der traditionellen Bilder ist eine Welt magischer Sachverhalte. Eine Welt der ewigen Wiederkehr des Gleichen, in welcher alles allem Bedeutung verleiht und alles von allem bedeutet wird: eine Welt voller Bedeutungen, voller »Götter«. Und durch diese bedeutungsvolle Welt hindurch erlebt der Mensch den Umstand. Das ist die Lebensstimmung in der Imagination: Alles ist bedeutungsträchtig, und alles muß beschwichtigt werden. Die Lebensstimmung der Schuld und Sühne.

Auf den ersten Blick sehen die technischen Bilder den eben bedachten vorgeschichtlichen Bildern ähnlich. Doch stehen sie auf einer völlig anderen Bewußtseinsebene, und das Leben unter ihnen vollzieht sich in einer völlig anderen Stimmung. Einbildung ist etwas ganz anderes als Imagination, etwas radikal Neues, und von ihr soll gesprochen werden.

3. KONKRETISIEREN

Dem vorgeschlagenen Modell der Kulturgeschichte zufolge sind wir daran, aus der Eindimensionalität der Geschichte auf eine neue Stufe der Nulldimensionalität emporzutauchen, eine mangels einer positiveren Bezeichnung »Nachgeschichte« zu nennende Stufe. Die Leitfäden, die bisher das Universum zu Prozessen und die Begriffe zu Urteilen ordneten, sind daran, zu zerfallen, und das Universum beginnt in Quanten, die Urteile in Informationsbits auseinanderzukollern. Und zwar beginnen diese Leitfäden zu zerfallen, gerade weil wir ihnen bis in den Kern des Universums und des Bewußtseins folgten. Im Kern des Universums wollen die Partikel den Leitfäden nicht mehr gehorchen (zum Beispiel den Kausalketten), und sie beginnen zu schwirren. Und im Kern des Bewußtseins sind wir daran, die kalkulierbare Körnerstruktur unseres Denkens, Fühlens und Wollens (zum Beispiel den Propositionskalkül, die Entscheidungstheorie und das Kalkulieren des Handelns in Aktome) herauszuschälen. Das heißt: Die Linearität zerfällt »spontan« und nicht, weil wir uns entschlossen hätten, die Leitfäden zu verwerfen. Es bleibt uns demnach gar nichts anderes übrig, als den Sprung ins Neue zu wagen.

Und das ist tatsächlich ein Wagnis. Denn mit dem Zerfall der Wellen in Tropfen, der Urteile in Bits, der Akte in Aktome öffnet sich ein Abgrund, nämlich der Abgrund der zwischen den Punktelementen klaffenden Intervalle und der Dimensionslosigkeit und daher Unermeßlichkeit der Punktelemente selbst. Man kann in einem derart leeren und abstrakten Universum mit einem derart zerfallenen und abstrakten Bewußtsein nicht leben. Man muß, um leben zu können, das Universum und das Bewußtsein zu konkretisieren versuchen. Man muß versuchen, die Punktelemente zu raffen, um sie wieder konkret (begreiflich, vorstellbar, behandelbar) zu machen. Dieses Problem der Auffüllung der Intervalle, der Integration der Infinitesimale, der Überholung der Differentiale ist von den Erfindern des Kalküls schon im 17. Jahrhundert gelöst worden. Aber damals ging es um ein methodologisches Problem, während es heute zu einem existentiellen Problem geworden ist, zu einer Frage von Tod und Leben. Ich schlage vor, die technischen Bilder als eine Antwort auf dieses Problem zu betrachten.

Die technischen Bilder sind Ausdruck des Versuchs, die Punktelemente um uns herum und in unserem Bewußtsein auf Oberflächen zu raffen, um die zwischen ihnen klaffenden Intervalle zu stopfen; des Versuchs, Elemente wie Photonen oder Elektronen einerseits und Informationsbits andererseits in Bilder zu setzen. So etwas können weder die Hände noch die Augen, noch die Finger leisten. Denn die Elemente sind weder faßbar, noch sind sie sichtbar oder greifbar. Deshalb müssen Apparate erfunden werden, die für uns das Unfaßbare fassen, das Unsichtbare imaginieren, das Unbegreifliche konzipieren können. Und diese Apparate müssen, um von uns kontrolliert werden zu können, mit Tasten versehen sein. Die Apparate sind Voraussetzung für die Erzeugung der technischen Bilder. Alles andere kommt nachher.

Apparate sind sture Gebilde: Man darf sie nicht anthropomorphisieren, so sehr sie auch menschliche Denkfunktionen simulieren mögen. Für sie gibt es keine Probleme mit den Punktelementen: Sie wollen sie weder fassen noch sie sich vorstellen, noch sie begreifen. Für sie bilden die Punktelemente nichts als ein Feld von Möglichkeiten für ihr Funktionieren. Was für uns schwer vorstellbar ist (zum Beispiel ein Magnetfeld, aus dem die Eisenspäne entfernt wurden), ist für sie nichts anderes als eine schlichte Funktionsmöglichkeit. In demselben Sinne verwandeln sie blindlings die Effekte von Photonen auf Silbernitratmoleküle zu Fotografien. Und das ist ja das technische Bild: eine blindlings konkretisierte Möglichkeit, ein blindlings sichtbar gewordenes Unsichtbares.

Die Herstellung der technischen Bilder vollzieht sich in einem Feld von Möglichkeiten: »An und für sich« sind die Punktelemente nichts als Möglichkeiten, aus denen zufällig etwas emportaucht. »Möglichkeit« ist, mit anderen Worten, der »Stoff« des emportauchenden Universums und des emportauchenden Bewußtseins. »We are made on such stuff dreams are made on.« Die beiden Horizonte von »möglich« sind »nötig« und »unmöglich«; in Richtung auf »nötig« wird das Mögliche wahrscheinlich, in Richtung auf »unmöglich« wird es unwahrscheinlich. Daher ist die Mathesis des emportauchenden Universums und des emportauchenden Bewußtseins die Wahrscheinlichkeitsrechnung. Von jetzt an bezeichnen die Begriffe »wahr« und »falsch« nur noch unerreichbare Horizonte: eine Revolution nicht nur auf dem Gebiet der Epistemologie, sondern auch auf denen der Ontologie, der Ethik und der Ästhetik.

»Wahrscheinlich« und »unwahrscheinlich« sind informatische Begriffe, wobei »Information« als eine unwahrscheinliche Situation definiert werden kann: je unwahrscheinlicher, desto informativer. Dem Zweiten Hauptsatz der Thermodynamik zufolge neigt nun das emportauchende Punktuniversum zu immer wahrscheinlicheren Situationen, zur Desinformation, also zu einer immer gleichmäßigeren Streuung der Punktelemente, bis diese schließlich alle »Form« verlieren. Das letzte Stadium, der Wärmetod, ist eine an Notwendigkeit grenzende wahrscheinliche Streuung, und dieses Stadium kann mit an Sicherheit grenzender Wahrscheinlichkeit vorauskalkuliert werden.

Vorläufig jedoch sind wir in diesem Stadium noch nicht angekommen. Im Gegenteil: Wir können überall im Universum beobachten, daß unwahrscheinliche Situationen entstanden sind und weiterhin entstehen, seien es Spiralnebel, lebende Zellen oder menschliche Gehirne. Solche informativen Situationen verdanken ihr Entstehen einem unwahrscheinlichen Zufall, »irrtümlichen« Abweichungen von der allgemeinen Tendenz zur Entropie. Das erlaubt folgende abenteuerliche Hypothese: Ein genügend großer Computer könnte – theoretisch – alle schon entstandenen, im Entstehen begriffenen und noch entstehenden unwahrscheinlichen Situationen »futurisieren« (im vorhinein kalkulieren), also alles, was zwischen dem »Big Bang« und dem »Wärmetod« vor sich geht, inklusive den hier im Entstehen begriffenen Text und inklusive sich, den Computer, selbst. Zu diesem Zweck müßte er das im »Big Bang« enthaltene Programm in seinem Gedächtnis haben. Doch ist die Schwierigkeit für die Konstruktion eines derartigen Computers gar nicht die buchstäblich astronomische Menge von Möglichkeiten, die zusammengetroffen sind, um Situationen wie Spiralnebel, lebende Zellen oder Menschengehirne hervorzubringen; sondern die Schwierigkeit liegt darin, daß der Computer neben dem

»Big Bang«-Programm selbst auch alle Fehler dieses Programms enthalten müßte, daß er, mit anderen Worten, größer als das Universum sein müßte. Ein Beispiel für den Abgrund, in welchen das neue kalkulierende und komputierende Bewußtsein zu stürzen im Begriff ist.

Derart schwindelerregende Spekulationen erlauben jedoch, der Absicht näherzukommen, mit der die bilderzeugenden Apparate erfunden wurden: um unwahrscheinliche, informative Situationen zu erzeugen, um das unsichtbare Mögliche zu sichtbarem Unwahrscheinlichen zu ballen. Die Apparate enthalten folglich Programme, die dem Programm des Punktuniversums entgegengesetzt sind. Denn die Apparate sind menschliche Produkte, und der Mensch ist ein Wesen, das gegen die sture Tendenz des Universums zur Desinformation engagiert ist. Seit der Mensch seine Hand gegen die ihn angehende Lebenswelt ausstreckte, um sie aufzuhalten, versucht er, auf seinen Umstand Informationen zu drücken. Seine Antwort auf den »Wärmetod« und den Tod schlechthin ist: »informieren«. Und aus dieser seiner Suche nach Unsterblichkeit sind, unter anderem, die Apparate entstanden. Sie sollen Informationen erzeugen, erhalten und weitergeben. So gesehen, sind die technischen Bilder Staudämme von Informationen, die im Dienst unserer Unsterblichkeit stehen.

Aber es gibt eine seltsame innere Dialektik, einen Widerspruch in diesem Unterfangen. Die Apparate sind programmiert, unwahrscheinliche Situationen hervorzubringen. Das heißt aber, daß diese unwahrscheinlichen Situationen in ihrem Programm stehen, und zwar nicht als »Irrtümer«, wie im Programm des Universums, sondern als im Verlauf der Programmverwirklichung immer wahrscheinlicher werdende, beabsichtigte Situationen. Wer das Programm der Apparate kennt, kann sie voraussehen, und er hat dazu keinen »metaphysischen Computer« nötig wie in den eben angeführten schwindelerregenden Spekulationen. Jeder Fernsehzuschauer kann mehr oder weniger das Programm der nächsten Woche voraussehen. Das heißt mit anderen Worten: Die von Apparaten programmgemäß erzeugten Bilder sind zwar vom Universum her gesehen unwahrscheinlich (es würde Jahrbillionen dauern, bis eine Fotografie »von selbst« und ohne Apparat entstünde), vom Standpunkt des Empfängers sind sie jedoch wahrscheinlich, das heißt wenig informativ. So verwandelt sich für die Empfänger der technischen Bilder – gleichsam hinter dem Rücken – in Entropie, was als negative Entropie in die Apparate programmiert war.

Dieser den Apparaten innewohnende Widerspruch kommt daher, daß sie auf die gleiche Methode wie das Universum funktionieren, nämlich automatisch. Ihre Programme sind Spiele, in denen Möglichkeiten zufällig zusammenfallen, programmierte Akzidenzien. Der Unterschied zwischen den Apparaten und dem Universum ist, daß die Apparate bei einem programmierten Akzidenz stehenbleiben (zum Beispiel bei einer Fotografie eines vollautomatischen Satellitenapparats), während das Universum über das programmierte Akzidenz weiterläuft, und zwar dem Wärmetod entgegen. Denn dies ist ja die Definition von »Automation«: ein selbstlaufendes Komputieren von Zufällen, aus denen die menschliche Initiative ausgeschaltet wurde, und ein Anhalten dieses Ablaufs bei den vom Menschen beabsichtigten informativen Situationen. Der Unterschied zwischen Apparat und Universum ist demnach, daß der Apparat unter menschlicher Kontrolle steht. Aber er kann dies nicht auf Dauer bleiben: Auf lange Sicht muß sich die Automatizität des Apparats vom Menschen »emanzipieren«. Eben dies ist der Grund, warum seine negative Entropie in Entropie umschlägt.

Die in der Automation lauernde Gefahr, daß nämlich die Apparate weiterlaufen, auch wenn die beabsichtigte informative Situation erreicht ist, und daß sie auf unbeabsichtigte Situationen zurollen (wie etwa die Apparate der thermonuklearen Rüstung), ist die eigentliche Herausforderung an die Erzeuger der technischen Bilder. Diese Erzeuger werden hier »Einbildner« genannt, um sie von den Herstellern der traditionellen Bilder zu unterscheiden und um die Einbildung der Imagination gegenüberzustellen. Es sind Leute, welche auf Apparat-Tasten drücken, um den Apparat bei einer von ihnen beabsichtigten informativen Situation (bei einem spezifischen technischen Bild) anzuhalten, Leute, deren Absicht es ist, den Apparat trotz seiner immer autonomer werdenden Automation zu kontrollieren und so die menschliche Entscheidung über den Apparat zu bewahren.

Die Einbildner sind Menschen, welche automatische Apparate gegen die Automation umzudrehen versuchen. Sie können ohne automatische Apparate nicht einbilden, denn das einzubildende »Material«, die Punktelemente, sind ohne Apparat-Tasten weder sichtbar noch faßbar, noch begreifbar. Aber sie können das Einbilden ebensowenig den automatischen Apparaten überlassen, denn dann sind die derart erzeugten technischen Bilder »redundant«, also vom Apparatprogramm her voraussehbare, uninformative Situationen.

Diese Aufgabe, welche den Einbildnern vom inneren Widerspruch der automatischen Apparate gestellt wird, ist selbst widerspruchsvoll. Betrachtet man zum Beispiel die Geste eines Fotografen mit seiner Kamera und vergleicht sie mit den Bewegungen einer vollautomatisierten Kamera (zum Beispiel in Satelliten), dann ist man versucht, die zu leistende Aufgabe zu unterschätzen. Es sieht nämlich so aus, als ob die vollautomatisierte Kamera immer wieder zufällig ausgelöst wurde, während der Fotograf nur dann auf die Taste, den Auslöser drückt, wenn er eine von ihm beabsichtigte Situation erreicht hat. Betrachtet man die Sache jedoch näher, dann stellt man fest, daß sich die Geste des Fotografen tatsächlich irgendwie im »Inneren« des Apparatprogramms vollzieht. Zwar tut der Apparat, was der Fotograf will, aber der Fotograf kann nur wollen, was der Apparat kann. Alle vom Fotografen erzeugten Bilder müssen daher im Programm des Apparats stehen und sind, entsprechend der vorangegangenen Überlegung, »voraussehbare«, uninformative Bilder. Das heißt: Nicht nur die Geste, sondern auch die Absicht des Fotografen sind Apparatfunktionen. Und doch ist das vollautomatische Fotografieren vom Fotografieren eines Einbildners deutlich zu unterscheiden, weil nämlich im zweiten Fall eine menschliche Absicht gegen die Automatizität des Apparats von innen her, aus der Apparatfunktion selbst kämpft.

Die Geste, welcher die technischen Bilder ihr Entstehen verdanken, ist eine doppelt widerspruchsvolle. Zuerst werden Apparate erzeugt, welche automatisch informative Situationen herstellen sollen. Und als sich dies als ein Widerspruch erweist, versuchen Einbildner, diese automatische Erzeugung gegen die Automation umzubiegen, wobei dieser Versuch selbst innerhalb des automatischen Apparats vor sich geht. Die technischen Bilder sind Resultate dieser doppelt in sich selbst gewundenen Geste, Resultate eines verzwickten Kampfes zwischen den Erfindern und den Kontrolleuren der Apparate, einer Zusammenarbeit zwischen beiden und eines Kampfes und einer Zusammenarbeit zwischen Apparaten und Menschen. Es sind dramatische Bilder.

Vergleicht man nun diese Geste mit jener des traditionellen Bildermachens (so wie diese im vorangegangenen Kapitel beschrieben wurde), dann stellt man fest, daß sie sich auf zwei völlig anderen Ebenen ereignen. Bei den technischen Bildern geht es darum, das Komputieren von Punktelementen zuerst zu programmieren und dann wieder zu deprogrammieren, um sie zu informativen Situationen zu ballen. Es geht um eine sich im Punktuniversum vollziehende Geste, bei der Fingerspitzen auf Apparat-Tasten drücken, und die Struktur dieser Geste ist ebenso punktuell wie die Struktur des Universums, nämlich aus klaren und deutlichen Minigesten bestehend. Es ist die Absicht dieser Geste, aus Punktelementen zweidimensionale Bilder zu machen. Aus der Nulldimensionalität in die Bidimensionalität emporzutauchen. Aus dem Abgrund der Intervalle in die Oberfläche, aus dem Abstraktesten ins scheinbar Konkrete. »Scheinbar«, denn tatsächlich ist es unmöglich, Punkte zu Flächen zu ballen. Da jede Fläche aus unendlich vielen Punkten zusammengesetzt ist, wären unendlich viele Punkte zu raffen, um tatsächliche Flächen herzustellen. Daher kann die Geste der Einbildner nur scheinbare Bilder erzeugen, Flächen nämlich, die tatsächlich voller Intervalle sind, rasterartige Flächen. Die Einbildner müssen sich mit scheinbaren Flächen, mit Trompe-l'oeil begnügen.

Die Geste des Einbildners richtet sich vom Punkt her auf eine nie zu erreichende Fläche, die des traditionellen Bildermachers von der Welt der Objekte her auf eine tatsächliche Oberfläche. Die erste Geste versucht, zu konkretisieren (von der äußersten Abstraktion zum Vorstellbaren zurückzukehren), die zweite Geste abstrahiert (nimmt Abstand vom Umstand). Die erste Geste geht vom Kalkül aus, die zweite vom handfesten Umstand. Kurz, wir haben es hier mit zwei völlig verschieden gearteten, konträr gewandten Bildflächen zu tun, auch wenn sie miteinander zu verschwimmen scheinen (etwa wie Epidermis und Kutis). Wenn man daher von der »Bedeutung« von Bildern spricht, von ihrer Entzifferung, so muß man sich bewußt sein, daß die Bedeutung der technischen Bilder anderswo zu suchen ist als die der traditionellen.

Die Entzifferung der technischen Bilder ist eine Aufgabe, welche wir – aus weiter unten zu besprechenden Gründen – noch nicht geleistet haben. Solange wir hierzu jedoch unfähig sind, bleiben wir ihrer Faszination ausgeliefert und werden auf ein magisch-rituelles Verhalten programmiert. Der kritische Empfang der technischen Bilder erfordert ein Bewußtseinsniveau, das jenem entspricht, auf welchem sie erzeugt werden. Dies stellt die Frage, ob wir – als Gesellschaft – in der Lage sind, einen solchen Bewußtseinssprung zu leisten. Und um diese Frage ins Auge fassen zu können, ist es nötig, unser gegenwärtiges In-der-Welt-Sein, unsere gegenwärtige Verhaltensweise zu bedenken.

4. TASTEN

Die durch Abstraktion aller Leitfäden in Punktelemente zerfallene Welt soll geballt werden, um wieder erlebbar, erkennbar und behandelbar zu werden. Das ist das Engagement der Einbildner. Doch die zu ballenden Punktelemente sind weder faßbar noch sichtbar, noch begreiflich: Sie sind nicht in den ballenden Griff zu bekommen, es sei denn mit Hilfe von Vorrichtungen, welche in die Punkthaufen hineingreifen können. Diese Vorrichtungen heißen Tasten. Obwohl wir längst mit Tasten vertraut sind und uns ihrer meist gedankenlos bedienen, sind wir doch weit davon entfernt, sie zu durchschauen. Wollen wir also einsehen, wie wir uns in der Welt befinden, wenn wir mit Fingerspitzen auf Tasten drücken, dann müssen wir dieses Knöpfedrücken näher betrachten.

Tasten sind allgegenwärtig. Lichtschalter erleuchten augenblicklich dunkle Räume, der Automotor springt an, sobald ein Schlüssel umgedreht wird, und ein Druck auf den Kameraauslöser bewirkt das sofortige Aufnehmen eines Bildes. Was dabei als erstes auffällt, ist die Tatsache, daß sich die Tasten in einer dem menschlichen Alltag unangemessenen Zeit bewegen, einer Zeit, für die andere Größenordnungen gelten. Denn die Tasten bewegen sich im infinitesimalen Universum der Punktelemente, im unendlich Kleinen, wo die Zeit blitzartig aufflammt. Das zweite, das bei Tasten auffällt, ist die Tatsache, daß sie vom unendlich Kleinen in menschliche Größenordnungen, aber auch ins Riesenhafte übersetzen. Ein Druck auf den Lichtschalter übersetzt aus dem Universum der Elektronen ins Gebiet, wo der Mensch das Maß aller Dinge ist. Und ein Druck auf einen anderen Schalter kann Berge sprengen oder der Menschheit ihr Ende bereiten. Tasten sind demnach Vorrichtungen, die das berühmte Sandwich überbrücken, nach welchem sich die Welt in die drei Schichten der nuklearen, der menschlichen und der astronomischen Dimensionen gliedert.

Oft sind die Tasten nicht isolierte Knöpfe, sondern bilden Klaviaturen, aus denen man wählen kann. Drücke ich einen von mir gewählten Knopf an der Tastatur meines Fernsehapparats, dann wird auf dem Schirm sofort jenes Bild erscheinen, das ich unter den mir verfügbaren gewählt habe. Trotz der untermenschlich kleinen Dimension, in welcher die Tasten trippeln, stehen sie doch im Dienste der menschlichen Freiheit. Jene Generation, welche noch nicht mit Computertastaturen großgeworden ist, kann an ihnen noch dieses Gespenstische, Magische erleben. Während meine Fingerspitzen wählend über die Tastatur meiner Schreibmaschine tasten, um den vorliegenden Text zu schreiben, vollbringe ich ein Wunder. Ich zerstückele meine Gedanken in Wörter, die Wörter in Buchstaben und wähle dann die diesen Buchstaben entsprechenden Tasten. Ich »kalkuliere« meine Gedanken. Und auf dem in die Schreibmaschine eingespannten Papierblatt erscheinen dann diese Buchstaben, jeder für sich, klar und distinkt, um dennoch einen linearen Text zu bilden. Die Schreibmaschine »komputiert« das von mir Kalkulierte. Es gelingt ihr, punktartige Elemente zu Reihen zu ballen. Das ist ein Wunder, und dies trotz der Durchsichtigkeit dieses Vorgangs. Ich kann nämlich beobachten, wie jede gedrückte Taste einen Hebel in Bewegung setzt, der den gemeinten Buchstaben auf die Seite schlägt, und wie der Wagen der Maschine weiterrückt, um dem nächsten Buchstaben Platz zu machen. Trotz dieser Durchsichtigkeit ist die Sache nicht geheuer.

Dabei sind solche mechanischen Schreibmaschinen archaische Tastaturen. Bei Word Processors etwa ist das Schreiben mittels Tastendruck längst ein undurchsichtiger Vorgang geworden, ein sich in einer Black Box vollziehender Ablauf, in welchen der Tastende keinen Einblick hat. Ein Apparat ist keine Maschine, und das Mechanische hat sich aus ihm verflüchtigt. Betrachtet man, wie Bilder auf Computerbildschirmen mittels Tastendruck synthetisiert werden, dann kann man, sozusagen rückblickend, das Wunder auch des mechanischen Tastendrückens ersehen: Es ist das Wunder eines Komputierens vorangegangener Kalkulationen, ein Wunder, dem die technischen Bilder ihr Entstehen verdanken.

Das Verbum »tasten« bedeutet zuerst einmal blindes Tappen, in der Hoffnung, zufällig etwas zu finden. »Heuristik«. Tatsächlich ist dies die Methode, mit der Schimpansen Schreibmaschine schreiben, wobei sie auf sehr lange Sicht (auf eine futurisierbare Sicht, die womöglich einige Millionen Jahre umfaßt) zufällig den gleichen Text wie den hier vorliegenden erzeugen müssen. Ich kann freilich nicht behaupten, mein eigenes Schreibmaschineschreiben als ein blindes Tappen zu erleben. Ich bin vielmehr überzeugt, daß mein Text nicht das Produkt eines notwendig gewordenen Zufalls ist, sondern daß ich meine Tasten absichtlich wähle. Ich verfüge beim Schreiben über ein »Universum von alphanumerischen Zeichen« (über 45 Tasten), und jeder Druck auf eine Taste ist für mich Folge einer freien Entscheidung. Darin, ist man versucht zu behaupten, unterscheide ich mich vom Schimpansen: daß ich absichtsvoll die astronomische Zeit, die für das Entstehen dieses Textes nach heuristischer Methode, durch Zufallsspiel, erforderlich ist, auf die menschlichen Zeitdimensionen verkürze. Ich unterscheide mich vom Schimpansen und ähnlichen Idioten dadurch, daß ich dasselbe wie sie, nur eben sehr viel schneller als sie erzeuge. Eine ernüchternde Schilderung der menschlichen Freiheit und Würde.

Die Sache läßt sich jedoch auch anders schildern. Während der Schimpanse bei seinem Tasten ins blinde Spiel des Zufalls und der Notwendigkeit taucht, »transzendiere« ich dieses Spiel. Ich blicke bei meinem Tasten über das Spiel (die Schreibmaschine) hinweg und fasse dabei den zu schreibenden Text ins Auge. Ich will an dieser Stelle noch nicht in jenen philosophischen Schlamm tauchen, der das Problem der Freiheit, dieses Hinwegsehens über das Gegebene hinaus und auf das Sein-Sollen hin, umgibt, und will mich auf das Gegebene beschränken. Ich will daher fragen: Gibt es eine Möglichkeit, den vom Schimpansen geschriebenen Text von meinem eigenen zu unterscheiden, auch wenn die beiden Buchstabe für Buchstabe miteinander identisch sind? Läßt sich hinter meinem Text – im Unterschied zum Schimpansentext – eine wertsetzende, informative Absicht entdecken? Wenn ja, dann kann die menschliche Freiheit und Würde als die spezifische Fähigkeit, Werte zu realisieren, angesehen werden.

Was hier zur Debatte steht, ist die Unterscheidung zwischen menschlichen und künstlichen Intelligenzen, zwischen absichtsvoll und automatisch erzeugten Informationen. Schreibmaschineschreibende Schimpansen sind zweifellos außerordentlich primitive künstliche Intelligenzen. Sie sind selten, kostspielig und langsam. Word Processors sind demgegenüber häufiger, billiger und vor allem weit schneller. Kann man also einen von einem Word Processor erzeugten Text, der sich Buchstabe für Buchstabe mit meinem eigenen deckt, von diesem unterscheiden? Fragt man so, dann stellt sich heraus, daß der Word Processor nicht blindlings tastet, sondern programmiert ist. Der Text ist in seinem Programm vorgesehen. Er tastet nicht »rein zufällig«, sondern er würfelt mit den ihm verfügbaren Tasten nach den Regeln eines Würfelspiels, also nicht im Sinne eines »reinen«, sondern eines »aleatorischen« Zufalls (»alea« = Würfel). Der Text des Word Processors ist ein »glücklicher Wurf«, ein vorausgesehener Zufall. Kann man diesen glücklichen Wurf von meinem eigenen Text unterscheiden – oder ist dieser ein ebenso glücklicher Wurf, nur daß er anders programmiert ist?

Aber auch der Schimpanse würfelt. Nur hält er sich dabei an sehr weite Regeln. Jede Kombination von Tasten ist ihm erlaubt, und eben darum dauert es so lange, bis er auf meinen Text kommt. Kann man also von einem Schimpansen sagen, daß er »freier« sei als der Word Processor? Und der Stenotypist, der diesen meinen Text abschreiben wird, würfelt er nicht etwa auch, nur nach sehr viel engeren Regeln, indem er Taste für Taste dem vorliegenden Modell folgt? So daß der Schimpanse an der »offenen« Seite des Würfelns steht und der Stenotypist an der »geschlossenen« Seite? Vielleicht läßt sich auf diese Weise eine Hierarchie der Programme errichten, je nach dem Grad ihrer »Offenheit«: Der Schimpanse ist der »freieste« Schreiber, der Stenotypist der »unfreieste«, und der Word Processor ist irgendwo in der Mitte. Aber wo befindet sich meine eigene Stelle in dieser Hierarchie: Bin ich »unfreier« als der Schimpanse, aber »freier« als der Word Processor? Und ist diese meine Stellung aus meinem Text abzulesen? Eine ungemütliche Frage, weil sie die Spezifität der menschlichen Freiheit verwässert.

Vielleicht läßt sich diese Spezifität jedoch anders herum retten. Denn beim Tasten geht es ja wohl um ein Drücken auf Vorrichtungen, welche von Menschen hergestellt wurden. Ist also nicht im Drücken, sondern im Herstellen der Tasten nach der menschlichen Freiheit zu suchen? Nicht im programmierten Akt, sondern im Programmieren?

Nicht im Schimpansen, im Word Processor, im Stenotypisten oder in mir, sondern im Erfinder der Schreibmaschine? Das war jemand, der lateinische Buchstaben, arabische Zahlen und einige logische Symbole aus ihrem Kontext gerissen hat, um sie an Tasten zu heften. Jemand, der Denkprozesse kalkuliert (die Leitfäden aus ihnen entfernt) hat und nachher eine Maschine baute, die diese Kalkulationen zu Texten komputieren konnte. Es ist ziemlich gleichgültig, welchen Typ von Automat der Schreibmaschinenerfinder in seine Maschine einbaute (ob Schimpanse, Word Processor, Stenotypist oder mich) und wie er diesen Automaten programmierte, denn über kurz oder lang müssen alle Texte, auch der meine, auf dem Papierblatt erscheinen. Die spezifisch menschliche Freiheit wäre dann die des Programmierens.

Ich gebe zu: Mein Beispiel mit der Schreibmaschine ist hinterlistig. Es ist absurd, dem Erfinder der Schreibmaschine die Verantwortung für diesen meinen im Entstehen begriffenen Text zuschreiben zu wollen. Hätte ich ein anderes Beispiel gewählt (etwa die Tastatur des Fernsehapparats), dann wäre diese Absurdität weniger ersichtlich. Tatsächlich sind die meisten Tasten (wie noch zu zeigen sein wird) vom Typ der Tastatur des Fernsehapparats. Daher der Eindruck, die Programmierer seien die verborgenen Drahtzieher unseres Verhaltens. Sieht man ein, daß dieses Argument absurd ist, dann hat man einen großen Teil der gegenwärtigen Kulturkritik über den Haufen geworfen.

Das Argument, wonach die Programmierer für das Verhalten der Gesellschaft verantwortlich sind, ist aber auch aus noch einem anderen Grund radikal unakzeptabel. Es geht nämlich beim Rückschritt von der Taste zurück ins Programm und von dort zurück zum Programmierer um einen Schritt in den Abgrund des ewigen Regresses. Zum Beispiel: Der Schimpanse und ich selbst sind, ganz wie die Schreibmaschine, Produkte eines Würfelspiels, eines Programms. Wir sind beide im Verlauf eines aleatorischen Spiels mit genetischer Information entstanden. Auf meinem Programm (aber scheinbar nicht auf dem Schimpansenprogramm) stand die Erfindung von Tasten, die sich irgendeinmal zufällig verwirklichen mußte. Ist etwa hinter diesem meinem Programm ein Programmierer zu suchen? Ein übermenschlicher Programmierer, der für alles Schreibmaschineschreiben (meines und das des Schimpansen) und überhaupt für alles Verhalten auf der Welt die Verantwortung zu tragen hätte? Denn man kann nicht beides haben wollen: einerseits die sture Automatizität der in den Haufen von Punktelementen hineingreifenden Tasten und andererseits eine programmierende Absicht. Außer man stürze Hals über Kopf in den Glauben an einen transzendenten Determinismus des Zufalls. Lehnt man jedoch einen derartigen orientalisierenden Glauben ab, dann ist man gezwungen, auch das Argument zugunsten von Programmierern des Verhaltens der Gesellschaft abzulehnen. Wenn man an keinen blinden transzendenten Programmierer glaubt, kann man noch weniger an einen weitsichtigen immanenten Programmierer glauben.

Wie also steht es um die menschliche Freiheit beim Schreibmaschineschreiben? Bei diesem durchsichtigen, mechanischen Vorgang? Wohl etwa folgendermaßen: Ich weiß, wenn ich auf meine Tasten drücke, daß es um programmierte Vorrichtungen geht, die in das Geschwirr der Punktelemente greifen und sie zu Texten ballen. Ich weiß, daß dies automatisch von Word Processors, aleatorisch von Schimpansen und kopieartig von Stenotypisten getan werden kann und daß dabei der gleiche Text wie der meine entstehen wird. Ich weiß daher, daß ich von meinen Tasten zu einem verzwickten Determinismus von Zufall und Notwendigkeit eingeladen werde. Und dem zum Trotz erlebe ich meine Geste des Schreibens konkret als eine freie Geste, und zwar als in einem so hohen Grade frei, daß ich lieber aufs Leben als aufs Schreibmaschineschreiben verzichten möchte. »Scribere necesse est, vivere non est.« Denn beim Schreiben konzentriert sich mein Dasein auf meine Fingerspitzen: All mein Wollen, Denken und Handeln fließt gewissermaßen in sie hinein und durch sie hindurch über die Tasten, über das von ihnen betastete Punktuniversum, über die Schreibmaschine und über die Papierseite, um in den öffentlichen Raum zu strömen. Diese meine »politische« Freiheit, diese meine tastendrückende, publizierende Geste ist mein konkretes Tastenerlebnis.

Die eben gebeichtete Tastenbegeisterung ist in den Kontext der beiden vorangegangenen Kapitel etwa so einzubauen: Die erste den Menschen aus der Lebenswelt befreiende Geste ist die Handlung. Die zweite ist die imaginative Betrachtung. Die dritte das begriffliche Erklären. Und die vierte den Menschen aus der Lebenswelt befreiende Geste ist das komputierende Tasten. Der Mensch wird Subjekt der Welt dank der Hand, er wird Überblicker (Aufseher) der Welt dank dem Auge, er wird Beherrscher der Welt dank dem Finger und Sinngeber der Welt dank den Fingerspitzen. Die gegenwärtige Kulturrevolution kann als ein Übertragen der Existenz auf die Fingerspitzen angesehen werden. Die Arbeit (Hand), die Ideologie (Auge) und das Erzählen (Finger) werden dem programmierenden Komputieren (Fingerspitzen) unterworfen. Damit befreien uns die Tasten vom Zwang, die Welt zu verändern, sie zu überblicken und sie zu erklären, und sie befreien uns für die Aufgabe, der Welt und dem Leben darin einen Sinn zu verleihen.

Diese Tastenbegeisterung, wie ich sie anhand des Schreibmaschineschreibens zu artikulieren versuchte, ist jedoch noch deutlicher an apparatischen Tastaturen erkenntlich. Es ist die Begeisterung der Einbildner: der Fotografen, der Kameraleute, der Videofilmer und vor allem der mit Computern Bilder synthetisierenden Bewohner der künftigen Gesellschaft. Diese Begeisterung für das Sinngeben, diese verächtliche Überwindung der Handarbeit, der Ideologie und der Auseinandersetzungen und dieses Sichkonzentrieren auf das Einbilden von unwahrscheinlichen, abenteuerlichen Situationen wird die vorherrschende Stimmung sein, sobald erst die Tasten das existentielle Interesse der Menschheit auf sich versammelt haben werden. Und dies trotz des Bewußtseins vom untermenschlich automatischen Charakter der Tasten.

Allerdings ist diese Lage, in welcher die Tasten die Menschen für Sinngebung befreien werden, vorläufig noch nicht erreicht. Wir befinden uns statt dessen in einer Situation, die von relativ primitiven, noch nicht richtig durchblickten und daher nicht richtig installierten Tasten beherrscht wird. Es gibt nämlich vorläufig (und irrtümlicherweise) noch zwei Typen von Tasten. Der eine Typ »sendet« Botschaften (nennen wir ihn die »produktive Taste«), der andere »empfängt« Botschaften (nennen wir ihn die »reproduktive Taste«). Der erste Typ ist eine Vorrichtung zum Publizieren von Privatem, der andere eine Vorrichtung zum Privatisieren von Publikem. Zum Beispiel: Die Tasten des Fernsehproduzenten dienen der Veröffentlichung von privaten Vorstellungen und Begriffen des Produzenten, und die Tasten des Fernsehapparats dienen dem Empfang dieser nun öffentlich gewordenen Vorstellungen und Begriffe in einem Privatraum. Zwar sind diese beiden Typen von Tasten irgendwie miteinander synchronisiert, aber es herrscht bei ihnen eine doppelte Stimmung: auf der »sendenden« Seite die des Einbildens (jene Begeisterung, die ich oben zu schildern versuchte), auf der »empfangenden« Seite die des Manipuliertwerdens (auf welche sich jene Kulturkritik stützt, gegen die ich oben zu argumentieren versuchte).

Betrachtet man nun diese beiden Tastentypen, dann stellt man mit einiger Überraschung fest, daß sie auf überholten Vorstellungen beruhen und am eigentlichen Charakter der Tasten vorbeigehen. Sie beruhen nämlich auf der Vorstellung des »Diskurses«: Eine Botschaft wird im Privatraum des Senders erzeugt, durch den öffentlichen Raum gesendet und im Privatraum des Empfängers empfangen. Im oben erwähnten Beispiel: Die Botschaft des Fernsehens wird im Privatraum des Produzenten erzeugt, durch den öffentlichen Raum gesendet und im Privatraum des Fernsehzuschauers empfangen. Doch ist im Universum der Tasten von »privat« und »öffentlich« keine Rede mehr. Der Produzent erzeugt seine Botschaft nicht in einem Privatraum, sondern in einem Sendeapparat, in einem Komplex von Vorrichtungen und Funktionären. Die Botschaft durchläuft ein elektromagnetisches Feld, von dem es ein Unsinn wäre, es eine »Republik« nennen zu wollen. Und der Raum, in welchem der Fernsehapparat steht – er ist zahllosen Botschaften offen und kann nicht eigentlich »privat« genannt werden. Außerdem sind der Sende- und Empfangsapparat aufeinander geeicht und funktionieren als Einheit. Kurz, die Tasten haben die Grenzen zwischen privat und publik gesprengt, sie haben den politischen mit dem privaten Raum vermengt und alle hergebrachten Vorstellungen vom »Diskurs« hinfällig gemacht.

Die beiden gegenwärtigen Tastentypen beruhen daher auf einem Mißverständnis des Charakters der Tasten. Denn es liegt im Charakter der Tasten, sich »dialogisch« (zum Beispiel durch Kabel) miteinander zu koppeln, sich zu vernetzen, also nicht als diskursive, sondern als dialogische Vorrichtungen zu funktionieren. Die Unterscheidung zwischen »sendenden« und »empfangenden«, zwischen »produktiven« und »reproduktiven« Tasten ist deshalb als provisorisch zu betrachten. Die Schreibmaschine ist nur eine Vorstufe zum Telewriter, die Tastatur der Waschmaschine nur eine Vorstufe zu einer Feedback-Vorrichtung zwischen Waschmaschinenhersteller und -benutzer. Und die gegenwärtige Tastenlage insgesamt ist nur eine Vorstufe zur telematischen Gesellschaft.

Die Tasten haben unsere Vorstellungen von »Politik« und »Privatraum« gesprengt, und sie zwingen uns, in anderen Kategorien zu denken. Wir dürfen angesichts der emportauchenden, von dialogisch gekoppelten Tasten beherrschten Lage nicht mehr mit Begriffen wie McLuhans »kosmischem Dorf« operieren. Wo es keinen öffentlichen Dorfplatz gibt und keine privaten Bauernhäuser, da kann von Dorf keine Rede sein. Das Gewebe von Tasten und dialogischen Verbindungen zwischen ihnen erinnert eher an die Struktur des Gehirns. Statt von »kosmischem Dorf« ist daher von »kosmischem Gehirn« zu sprechen. Und in einer derartigen Struktur ist zwischen einem Druck auf den Auslöser einer Fotokamera und auf den Auslöser einer Waschmaschine kein Unterschied zu machen: Beide Drücke empfangen und senden gleichermaßen.

Im gegenwärtigen Stadium der Tastenentwicklung gibt es vorläufig noch fehlerhafte Tasten, nämlich solche, die mir nur erlauben, zu wählen, nicht aber, mich zu äußern (zum Beispiel die Tastatur des Fernsehapparats). Deshalb steht vorläufig noch die Wahlfreiheit im Widerspruch zur existentiellen Freiheit. Und deshalb kann ich mich auch vorläufig für die Tasten des Fernsehapparats oder der Waschmaschine nicht begeistern (außer ich teile die Begeisterung der Waschmaschinenbenutzer in Waschmaschinenwerbungen). Aber von einem späteren Stadium der Automation ist zu erwarten, daß mich überhaupt alle Tasten begeistern werden, weil sie alle zu Vorrichtungen werden, die mir erlauben, dem schwirrenden Chaos des Punktuniversums gemeinsam mit allen anderen einen Sinn zu verleihen.

Die Erzeuger der technischen Bilder, die Einbildner (Fotografen, Kameraleute, Videofilmer) stehen am Ende der Geschichte sensu stricto. Und in Zukunft werden alle Menschen Einbildner sein: Sie werden alle über Tasten verfügen, die ihnen erlauben werden, gemeinsam mit allen anderen Bilder auf Computerschirmen zu synthetisieren. Sie werden alle am Ende der Geschichte sensu stricto stehen. Die Welt, in die sie gestellt sind, kann nicht mehr gezählt und erzählt werden: sie ist in Punktelemente (in Photonen, Quanten, elektromagnetische Elemente) zerfallen. Sie ist unfaßbar, unvorstellbar, unbegreiflich geworden. Ein kalkulierbarer Haufen. Und ihr eigenes Bewußtsein, ihre Gedanken, Wünsche und Werte sind in Punktelemente (in Informationsbits) zerfallen. Ein kalkulierbarer Haufen. Man muß diese Haufen komputieren, um die Welt wieder faßbar, vorstellbar, begreiflich und das Bewußtsein wieder selbstbewußt zu machen. Das heißt: Die schwirrenden Punkte um uns herum und in uns selbst müssen in Oberflächen geballt werden, sie müssen eingebildet werden.

Wir verfügen bereits über die hierzu nötige Einbildungskraft, nämlich über Apparate, mit denen wir einbilden können. Wir wissen, daß diese Apparate nach dem Prinzip des Zufalls und der Notwendigkeit (dem Prinzip des Wahrscheinlichkeitskalküls), daß sie automatisch funktionieren. Und doch sind wir beim Druck auf den Auslöser der berechtigten Überzeugung, dem schwirrenden und gänzlich abstrakten Universum um uns und in uns einen beabsichtigten Sinn zu geben. Das ist das zugleich Gespenstische und Begeisternde am Einbilden, am Tasten: daß die technischen Bilder Hirngespinste sind, die der Welt und uns einen Sinn verleihen.

Das folgende Kapitel hat vor, dieses Einbilden und diese Einbildungskraft zu besprechen und sie von der vorangegangenen Imagination der traditionellen Bildermacher zu unterscheiden. Es hat vor, die technischen Bilder, diese Gespinste aus Punkten, diese eingebildeten Hirngespinste des heranrückenden kosmischen Gehirns zu besprechen. Es hat vor, zu zeigen, wie aus den Punkten mittels Tasten Oberflächen emportauchen und wie in diesen Flächen eine Einbildungskraft zum Ausdruck kommt, die vor der Erfindung der Tasten unmöglich gewesen wäre.

5. EINBILDEN

Technische Bilder sind eingebildete Flächen. Wenn wir ein Foto durch ein Vergrößerungsglas betrachten, sehen wir Körner. Wenn wir uns einem Fernsehschirm nähern, sehen wir Punkte. Zwar ist das Foto ein chemisches Bild und das Fernsehen ein elektronisches, so daß wir es mit unterschiedlichen Punktstrukturen zu tun haben, aber der fundamentale Aufbau aus Punktelementen ist der gleiche. Solange es noch Bilder gibt, die auf Chemie beruhen (was voraussichtlich nicht mehr lange der Fall sein wird), stellt sich zweifellos das Problem des Einbildens der Punkte in Flächen technisch (und damit auch erkenntnistheoretisch) anders als bei elektronischen Bildern. Worauf es hier jedoch ankommt, ist der allen technischen Bildern gemeinsame Grundcharakter: näher betrachtet, erweisen sie sich allesamt als aus Punktelementen komputierte eingebildete Flächen.

Man muß allerdings tatsächlich hinschauen, um dies zu sehen. Bei bloßem Anschauen erscheinen die technischen Bilder als Flächen. Hinschauen ist anstrengender als Anschauen, was erklärt, daß wir über alles Anschauungen und in beinahe nichts Einblicke haben. Die technischen Bilder verdanken ihren Flächencharakter unserer Trägheit, sie näher anzusehen. Dieser Widerspruch zwischen Anschauen und Hinschauen, zwischen »oberflächlichem Lesen« und »close reading« wirft das bekannte Problem der Distanz zwischen Beobachter und Beobachtetem auf. Ich werde hier zu zeigen versuchen, daß sich dieses Problem bei technischen Bildern ganz anders stellt als bei jenen Gegenständen, die uns als »objektive Welt« umgeben.

Dieser mein hölzerner Tisch, auf welchem ich den vorliegenden Text schreibe, ist bei näherem Hinsehen ein Schwarm von Partikeln und zum größten Teil leerer Raum. Seine solide Füllung ist eine Täuschung. Fiele etwa meine Schreibmaschine durch die Tischplatte hindurch, so wäre dies zwar ein außerordentlich unwahrscheinlicher Zufall, aber doch keineswegs ein »Wunder«. Deshalb kann ich beim Schreiben alles Wissen von der körnigen Struktur meines Tisches ausklammern und mich auf seine Solidität verlassen. Die Theorie folgt beim Tisch auf die Praxis, das heißt: Die »wissenschaftlichen Theoretiker«, die die quantische Struktur meines Tisches auskalkuliert haben, sind erst später auf den Plan getreten und haben mit der Herstellung meines Tisches nichts zu tun.

Gestern sah ich im Fernsehen die Mozart-Oper »Cosi fan tutte«. Bei näherem Hinsehen sah ich Spuren von Elektronen in einer Kathodenröhre. Anders als beim Tisch kann ich jedoch dieses Wissen von der körnigen Struktur des gesehenen Bildes nicht ausklammern, denn ich habe das Bild den »wissenschaftlichen Theoretikern« zu verdanken. Erst sie nämlich haben das gestrige »Cosi fan tutte« überhaupt ermöglicht. Was ich gestern als Schönheit konkret erlebt habe, fußt auf den Kalkulationen und Komputationen des »close« gelesenen Punktuniversums. Die Theorie geht der Praxis des »Cosi fan tutte« voraus, und ohne die Theorie ist diese Praxis unmöglich.

Die Beispiele des Tisches und des Fernsehbildes »Cosi fan tutte« erlauben, den hier gemeinten Begriff »Einbilden« ins Auge zu fassen. Es hat keinen Sinn, behaupten zu wollen, ich bilde mir die Solidität des Tisches nur ein. Denn seine Solidität ist konkret, und sein Zerfall in Punktelemente wird erst nach einer Reihe von Abstraktionen aus dieser konkreten Solidität ersichtlich. Hingegen ist es richtig, zu behaupten, daß ich mir gestern eingebildet habe, eine Mozart-Oper zu sehen. Denn was ich gestern gesehen habe, ist Folge einer Serie von Konkretionen (Kalkulationen und Komputationen) von abstrakten Punktelementen. Und gerade deshalb hatte ich gestern ein konkretes Erlebnis. Es war konkret, weil es für mich aus Abstraktionen eingebildet wurde. »Einbilden« soll daher jene Fähigkeit bedeuten, aus dem durch Abstraktion in Punktelemente zerfallenen Universum ins Konkrete zurückzuschreiten. Ich schlage daher vor, daß es »Einbildungskraft« überhaupt erst gibt, seit die technischen Bilder erfunden wurden. Erst seit wir Fotos, Filme, Fernsehen, Videos und Computer-Bildschirme haben, wissen wir, was »einbilden« bedeutet.

Sieht man sich die technischen Bilder näher an, so erweist sich, daß sie überhaupt keine Bilder sind, sondern Symptome von chemischen oder elektronischen Prozessen. Eine Fotografie zeigt einem Chemiker an, welche Reaktionen spezifische Photonen in spezifischen Molekülen von Silberverbindungen ausgelöst haben. Ein Fernsehbild zeigt einem Physiker an, welche Bahnen spezifische Elektronen in einer Röhre durchlaufen haben. So »gelesen«, sind die technischen Bilder objektive Abbilder von Vorgängen im Punktuniversum. Sie machen diese Vorgänge ersichtlich, so wie in einer Wilsonkammer die Spur eines Partikels ersichtlich gemacht wird. Wobei allerdings diese »Objektivität« bekannte erkenntnistheoretische Schwierigkeiten bietet. Denn man wird der Partikel nur ansichtig, wenn man spezifische Vorrichtungen (Medien), wie empfindliche Flächen, Kathodenröhren oder Wilsonkammern, verwendet, womit sich als Schwierigkeit die Frage ergibt, ob diese Vorrichtungen das Phänomen nicht beeinflussen, das sie ersichtlich machen.

Technische Bilder sind überhaupt erst Bilder, wenn man sie oberflächlich anschaut. Sie verlangen, um Bilder sein zu können, einen Abstand des Betrachters. Hätte ein Physiker das gestrige Fernsehbild »Cosi fan tutte« aus der Nähe betrachtet, dann hätte er Spuren von Elektronen in einer Kathodenröhre gesehen. Was diese tiefe Einsicht des Physikers an den Tag gebracht hätte, wäre die sture Banalität des Punktuniversums, dieses Spiels von Notwendigkeit und Zufall gewesen. Ich hingegen, der ich nur oberflächlich hingeschaut habe, habe »Cosi fan tutte« tatsächlich gesehen. Lob der Oberflächlichkeit, Lob der Einbildungskraft und Verachtung des tiefen Einblicks? »Kunst ist besser als Wahrheit?«

Übrigens haben die wissenschaftlichen Theoretiker, diese Leute des tiefen Einblicks, das gestrige Bild nicht hergestellt, sondern es nur ermöglicht. Hergestellt haben es Fernsehoperatoren, Einbildner, und das sind oberflächliche Leute. Sie haben auf verschiedene Tasten gedrückt und damit Prozesse ausgelöst, in die sie keinen tiefen Einblick haben müssen, und mir dadurch ermöglicht, ebenso ahnungslos auf Tasten zu drücken, um »Cosi fan tutte« zu sehen. Was in den verschiedenen schwarzen Kisten vor sich ging, die zwischen den Einbildnern und mir vermittelten, ist eine an die Leute mit tiefem Einblick zu richtende Frage. Wenn es darum geht, die Einbildungskraft zu befragen, muß man, »kybernetisch«, die schwarzen Kisten schwarz sein lassen.

Das heißt: Die Frage nach der Einbildung hat ein seltsames (und neues) Mißtrauen zu tiefen Erklärungen, eine seltsame (und neue) Verachtung für alle Tiefe zur Folge. Die wissenschaftlichen Erklärungen und die aus ihnen folgenden Techniken sind zwar für die Einbildungskraft unerläßlich, und dennoch sind sie »uninteressant« geworden. Denn was die Erklärungen liefern, sind Banalitäten. »Interessant« ist das konkrete Erlebnis, das Abenteuer, die Information, die mir die Einbildung vermittelt. Die Erklärung ist abstrakt; konkret ist die Einbildung. Eben hierin liegt ja das Neue der emportauchenden Einbildungskraft, das Neue des künftigen Bewußtseins: daß der Diskurs der Wissenschaft und der Fortschritt der Technik zwar als unerläßlich angesehen werden, daß sie aber nicht mehr für sich selbst interessant sind und wir das Abenteuer anderswo, in der Einbildung suchen.

Die Frage nach dem Einbilden ist daher von der Geste des Tastendrückens ins Bewußtsein des Einbildners zu übertragen, so wie ich es in bezug auf das Schreibmaschineschreiben zu tun versuchte. Und dann stellt sich heraus, daß zwar die Geste des Tastendrückens in beiden Fällen die gleiche ist, daß es sich aber beim Einbilden um ein anderes Bewußtsein handelt. Denn es geht hier eben nicht um durchsichtige Maschinen, sondern um undurchsichtige Apparate. Die Einbildner stehen nicht über den Apparaten wie die Schreibmaschinenschreiber über den Maschinen stehen, sondern sie stehen mitten in ihnen, sie sind mit ihnen und von ihnen verschlungen. Sie sind weit enger an die Apparate gebunden als die Schreiber an die Maschinen. Einbilden ist weit »funktioneller« als Textschreiben, es ist ein programmierterer Vorgang. Wenn ich schreibe, schreibe ich über die Maschine dem Text zu. Wenn ich technische Bilder einbilde, bilde ich aus dem Inneren des Apparats her.

Zwei Dinge machen diesen Umstand aus. Erstens: Die Einbildner drücken auf Tasten, welche für sie unfaßbare, unvorstellbare und unbegreifliche Vorgänge auslösen. Und zweitens: Die Bilder, die sie einbilden, werden nicht von ihnen, sondern von den Apparaten hergestellt, und zwar automatisch. Im Unterschied zum Schreiber haben es die Einbildner nicht nötig, tiefe Einsicht in ihr Tun zu nehmen. Sie sind durch die Apparate von der Notwendigkeit der Tiefe emanzipiert und damit frei, ihre volle Aufmerksamkeit dem Einbilden zu widmen. Der Schreiber muß sich für die Struktur seines Textes interessieren: für Buchstaben, für die Regeln, welche die Buchstaben zu Reihen ordnen (Orthografie, Grammatik, Logik), und für die phonetischen, rhythmischen und musikalischen Aspekte seines Textes. Ein großer Teil seiner schöpferischen, informativen Leistung besteht gerade im Modellieren dieser Strukturen. Ganz anders der Einbildner: Er verfügt über automatische Apparate, die all dies für ihn ausklammern können, so daß ihm ermöglicht wird, sich völlig auf die einzubildende Fläche zu konzentrieren. Seine Kriterien beim Tastendrücken sind daher »oberflächlich« in einem doppelten Sinn dieses Wortes: sie beziehen sich nicht auf den tieferen bilderzeugenden Vorgang, und sie sind allein auf die zu erzeugende Oberfläche gerichtet.

Diese Oberflächlichkeit der Einbildner, zu welcher sie von Apparaten verurteilt und für welche sie von den Apparaten befreit sind, läßt eine nie vorher erahnte Einbildungskraft zu Worte kommen. Es erscheinen Bilder, wie sie nie zuvor geträumt werden konnten. Und dabei sind die Fotos, die Filme, die Fernseh- und Videobilder, so wie sie gegenwärtig um uns herumstehen, nur Vorboten dessen, was die Gewalt der Einbildungskraft in Zukunft wird herstellen können. Erst wenn wir die mit Computern synthetisierten Bilder ins Auge fassen, diese Bilder von beinahe Unmöglichem, weil Unfaßbarem, Unvorstellbarem und Unbegreiflichem, können wir überhaupt zu ahnen beginnen, welche Gewalt der Einbildungskraft hier ausbricht.

Die Einbildner drücken auf Tasten, um – im strengsten Sinn dieses Wortes – zu »informieren«. Das heißt: aus Möglichem Unwahrscheinliches zu machen. Sie drücken auf Tasten, um die automatischen Apparate zur Erzeugung von in ihrem Programm unwahrscheinlichen Situationen zu verführen. Sie drücken auf Tasten, um aus dem von den Apparaten kalkulierten schwirrenden Punktuniversum Unwahrscheinliches emportauchen zu lassen. Und diese unwahrscheinliche Welt der Einbildungskraft soll das schwirrende Punktuniversum wie eine Haut umhüllen, um ihm einen Sinn zu geben. Die Einbildungskraft ist jene Kraft, welche darauf ausgeht, dem abstrakten und absurden Universum, in das wir stürzen, einen konkreten Sinn zu geben.

Diese Überlegung erlaubt, den Standort des neuen Bewußtseins, der Einbildungskraft, zu bestimmen. Die Einbildner stehen an der äußersten bisher erreichten Grenze der Abstraktion, im nulldimensionalen Universum, und sie bieten uns die Möglichkeit, die Welt und unser Leben darin wieder konkret zu erleben. Dank den Fotos, den Filmen, den Fernseh- und Videobildern, und in Zukunft vor allem dank den mit Computern synthetisierten Bildern, sind wir eigentlich überhaupt erst wieder fähig, aus der sich verflüchtigt habenden Welt der Abstraktionen ins konkrete Erleben, Erkennen, Werten und Handeln zurückzukehren.

Betrachtet man, was hier in bezug auf Einbilden gesagt wurde, dann kann man die gegenwärtige Kulturrevolution etwa wie folgt zusammenfassen: Wir sind die erste Generation, die über Einbildungskraft im strengen Sinn dieses Wortes verfügt, und alle Einbildungen, Imaginationen und Fiktionen der Vergangenheit müssen im Vergleich zu unseren Bildern verblassen. Wir sind daran, eine Bewußtseinsebene zu erklimmen, auf welcher das Erforschen der tieferen Zusammenhänge, das Erklären, Aufzählen, Erzählen, Berechnen, kurz das historische, wissenschaftliche, textuell lineare Denken von einer neuen, einbildenden, »oberflächlichen« Denkart verdrängt wird. Und daher hat es für uns jeden Sinn verloren, zwischen Eingebildetem und etwa nicht Eingebildetem, zwischen Fiktivem und »Realem« unterscheiden zu wollen. Das abstrakte Punktuniversum, aus dem wir emportauchen, hat uns gezeigt, daß alles Nichteingebildete ein Nichts ist. Daher haben wir die Kriterien »wahr/falsch«, »echt/künstlich« oder »wirklich/scheinbar« aufgeben müssen, um statt dessen das Kriterium »konkret/abstrakt« anzuwenden. Die Einbildungskraft ist die Kraft des Konkretisierens von Abstraktem.

Alle Erkenntnistheorie, Ethik und Ästhetik, und vor allem das Lebensgefühl als solches, sind im Umbruch begriffen. Wir leben in einer eingebildeten Welt der technischen Bilder, und wir erleben, erkennen, werten und handeln immer häufiger in Funktion dieser Bilder. Wir verdanken diese Bilder einer Technik, welche aus wissenschaftlichen Theorien stammt – Theorien, die uns unabweisbar belehren, daß »in Wirklichkeit« alles ein zerfallender Punktschwarm ist, eine gähnende

Leere. Die Wissenschaft und die aus ihr hervorgegangene Technik, diese Triumphe der westlichen Zivilisation, haben einerseits die objektive Welt um uns herum in ein Nichts zerrieben und uns andererseits in eine Welt der Einbildung gebadet. Es scheint daher, als sei unsere geschichtliche Entwicklung in einem Endstadium angelangt, das sich im wesentlichen in nichts vom buddhistischen Weltbild unterscheidet: Ein Schleier von Maya umhüllt das gähnende Nichts des Nirwana. So gesehen, würde der gewaltige Strom der westlichen Geschichte daran sein, in den Ozean des zeitlosen Orients zu münden.

Es gibt zahlreiche Anzeichen für die Richtigkeit einer derartigen selbstmörderischen Sicht auf die westliche Gesellschaft. Und doch geht diese Sicht am Wesentlichen vorbei, das sich in der gegenwärtigen Kulturrevolution vorbereitet. Nämlich an der Tatsache, daß die Einbildungskraft, über die wir zu verfügen beginnen und dank derer wir die technischen Bilder erzeugen, aus unserer Fähigkeit sprießt, das schwirrende Nichts um uns herum zu kalkulieren und zu komputieren. Daher sind unsere Einbildungen nicht etwas, das aufzugeben wäre, um ins Nirwana zu stürzen, sondern sie sind im Gegenteil unsere Antwort auf das gähnende Nichts, das auf uns lauert. Die Schleier der technischen Bilder, die uns umgeben, so ähnlich sie den orientalischen Schleiern sein mögen, fordern uns zu einem dem orientalischen entgegengesetzten Engagement auf. Nicht zu zerreißen sind unsere Schleier, sondern immer dichter zu weben. Die folgenden Kapitel sind der Betrachtung dieses immer dichteren Webens der Schleier gewidmet.

6. BEDEUTEN

Die vorangegangene Analyse der emportauchenden Daseinsform ging von der Hypothese aus, daß wir uns zunehmend auf Fingerspitzen konzentrieren, eine Hypothese, die wir durch Beobachtung der allerorts anzutreffenden Geste des Tastendrückens bestätigen können. Aber Fingerspitzen tasten nicht nur, sie zeigen auch auf etwas, deuten hinaus, weisen auf das von ihnen Gemeinte. Ich habe hier nicht vor, auf die mit den Begriffen »zeigen«, »deuten« und »meinen« verbundene Problematik einzugehen, da ich voraussetze, daß »Zeichen«, »Bedeutung« und »meaning« dank des Diskurses der Semantik im allgemeinen Gespräch stehen und nicht erläutert zu werden brauchen. Im übrigen belegt das gegenwärtige Interesse an der Semiotik, daß wir beginnen, uns der Rolle der Fingerspitzen für unser neues In-der-Welt-Sein bewußt zu werden. Was ich hier vorhabe, ist, eine spezifische Frage zu stellen: Was bedeuten, wohin zeigen die technischen Bilder? Und damit zusammenhängend: Welchen Sinn haben die technischen Bilder?

So allgemein formuliert, scheint diese Frage keiner vernünftigen Antwort Raum zu bieten. Es gibt verschiedene Arten von technischen Bildern, und jede dieser Arten scheint eine für sie spezifische Bedeutung zu haben. Fotografien zum Beispiel scheinen Szenen in der Umwelt zu bedeuten, Filme scheinen Ereignisse in der Umwelt zu bedeuten, und mit Computern synthetisierte Bilder scheinen einen noch gar nicht absehbaren Bedeutungshorizont zu haben. Man müßte also die oben gestellte Frage an jede Art von technischem Bild gesondert richten. Und selbst innerhalb einer Bildart sind so zahlreiche Bedeutungsformen feststellbar, daß die Frage ein weiteres Mal aufgeteilt werden müßte. Eine Fotografie eines Hauses, zum Beispiel, scheint eine ganz andere Bedeutungsform zu haben als eine Fotografie von jener Art, die fälschlich »abstrakt« genannt wird. Im Grunde müßte man also die Frage nach der Bedeutung an jedes technische Bild gesondert stellen, und es scheint absurd zu sein, nach der Bedeutung der technischen Bilder im allgemeinen zu fragen. Ich werde mich jedoch bemühen, zu zeigen, daß alle technischen Bilder, von welcher Art auch immer, in die gleiche Richtung deuten.

Man hatte vor dem Aufkommen elektronisch synthetisierter Bilder den Eindruck, als entstünden alle technischen Bilder durch Auffangen und Festhalten von aus der Umwelt herankommenden Partikeln beziehungsweise Wellen. Daher glaubte man, es handele sich bei ihnen um Abbilder ihrer Umwelt, die sie, jedes auf seine Art, bedeuten. Dieser Eindruck ist angesichts synthetisch erzeugter Bilder nicht mehr aufrechtzuerhalten. Zwar entstehen auch sie durch Auffangen und Festhalten herankommender Partikel, aber was sie zeigen (zum Beispiel ein zu konstruierendes Flugzeug oder einen »vierdimensionalen« Würfel), kann nicht als ein Abbild ihrer Umwelt angesehen werden. Infolgedessen ist man gegenwärtig geneigt, zwei grundsätzlich verschiedene Arten von technischen Bildern zu unterscheiden: Abbilder und Modelle. Die einen bedeuten, was ist, und die anderen, was sein soll oder sein könnte.

Sobald man jedoch diesen Unterschied zwischen Abbild und Modell macht, stößt man auf Schwierigkeiten. Was meine ich eigentlich, wenn ich von einer Fotografie eines Hauses behaupte, daß sie ein Haus abbildet, und von einem Computerbild eines zu bauenden Flugzeuges, daß es ein Modell ist? Meine ich etwa, daß das Haus irgendwo dort draußen ist, also »wirklich«, und das Flugzeug irgendwo hier drinnen, also »nur möglich«? Meine ich, der Fotograf habe das Haus »entdeckt«, und der Computeroperator habe das Flugzeug »erfunden«? Oder meine ich (etwas raffinierter), daß das Haus die Ursache der Fotografie ist (es war da, bevor es fotografiert wurde, und die von ihm reflektierten Strahlen haben die Fotografie verursacht) und daß das Flugzeug eine mögliche Folge des Computerbildes ist (das Bild war zuerst da, und das Flugzeug ist auf Grund des Bildes hergestellt worden)? Wie immer ich den Unterschied zwischen Abbild und Modell formuliere, komme ich ins Gedränge.

Denn wie sieht es eigentlich aus mit der Wirklichkeit, dem Entdecktwordensein oder der kausalen Funktion des in der Fotografie abgebildeten Hauses? Das Haus sieht doch nicht wirklich so aus, wie ich es auf dem Foto sehe? (Wenn es überhaupt einen Sinn hat, zu fragen, wie das Haus in Wirklichkeit aussieht.) Der Fotograf hat das Haus doch nicht entdeckt, etwa wie ein Spaziergänger entdeckt, daß er vor einem Haus steht? (Wenn es überhaupt einen Sinn hat, zwischen Entdeckung und Erfindung unterscheiden zu wollen.) Und das Haus ist doch nicht die Ursache der Fotografie, wie etwa eine Hundepfote die Ursache für eine Schneespur ist? (Wenn es überhaupt einen Sinn hat, im Universum der Partikel von Kausalität zu sprechen.) Ich will hier nicht sagen, daß es unmöglich ist, zwischen der Seinsebene eines Hauses dort auf der Straße und jener eines noch zu bauenden Flugzeugs zu unterscheiden. Sondern ich will sagen, daß es unmöglich ist, zwischen einem Abbild und einem Bild als Modell unterscheiden zu wollen.

Man kann also vom Fotografen behaupten, er habe ein Modell eines Hauses entworfen, so wie der Computeroperator ein Modell eines zu bauenden Flugzeugs entworfen hat. Und beide Modelle sind, in unterschiedlichem Sinne, Abbilder von etwas, nämlich Entwürfe von kalkulierten Begriffen, die Vorstellungen erklären, welche ihrerseits die Umwelt bedeuten. Beim Fotografen: Er stellt sich ein Haus vor, so wie es angeblich dort draußen in der objektiven Umwelt herumsteht. Dann nimmt er einen Apparat in die Hand, um diese seine Vorstellung zu »begreifen« (in Begriffe wie »Perspektive« oder »Belichtungszeit« zu übersetzen). Der Apparat kalkuliert diese Begriffe automatisch. Und der Fotograf drückt auf eine Taste, um den Apparat zur Durchführung dieser Kalkulationen, zum Einbilden des Hauses in ein Bild zu veranlassen. Beim Computeroperator: Er stellt sich ein Flugzeug vor, so wie es in der objektiven Umwelt herumstehen könnte. Dann nimmt er einen Apparat in die Hand (oder greift zu einem Apparat auf seinem Tisch), um diese seine Vorstellung zu »begreifen« (in Begriffe wie »Gleichungen der Aerodynamik« oder »Fabrikationskosten« zu übersetzen). Der Apparat kalkuliert diese Begriffe automatisch. Und der Computeroperator drückt auf eine Tastatur, um den Apparat zur Durchführung dieser Kalkulationen, zum Einbilden des Flugzeugs auf einem Bildschirm zu veranlassen. Es ist bei beiden, beim Fotografen wie beim Computeroperator, die gleiche Einbildungskraft am Werk, nur ist sie beim Operator klarer als beim Fotografen, sie ist dem

Einbildner bewußter. Es hat demnach keinen Sinn, bei technischen Bildern zwischen Modellen und Abbildern unterscheiden zu wollen. Alle technischen Bilder sind Einbildungen.

Denn man kann vom Fotografen des Hauses behaupten, er habe sich, ebenso wie der Computeroperator, etwas eingebildet. Und zwar hat er sich ein Haus eingebildet nicht wie es wirklich ist, sondern wie es sein soll. Er hat das Haus nicht entdeckt, sondern erfunden. Und das Haus ist nicht die Ursache seines Bildes, sondern, so wie es gezeigt wird, die Folge des Bildes. Man kann also vom Fotografen behaupten, daß er ein Modell eines Hauses erzeugt hat. Umgekehrt aber kann man vom Computeroperator behaupten, er habe sein Flugzeug abgebildet. Denn er hatte, ebenso wie der Fotograf, eine Vorstellung und einen Begriff vom zu Zeigenden, und eben das hat er abgebildet. Zwischen Abbild und Modell unterscheiden zu wollen, ist auf dem Gebiet der technischen Bilder ein verlorenes Unterfangen. Denn von welcher Art auch immer, sie sind nicht reproduktive, sondern produktive Bilder. In allen ist die gleiche Einbildungskraft am Werke.

Das besagt aber nicht, daß man auf alles Klassifizieren der technischen Bilder nach ihrer Bedeutung verzichten müßte. Nur muß man eben andere Klassifikationskriterien wählen, Kriterien, die dem Charakter der technischen Bilder entsprechen. Man kann etwa die Bilder nach dem Grad ihres Informationsgehaltes klassifizieren: in mehr oder weniger informierende, überraschende, voraussehbare Bilder. Bei einer Fotografie des Doms von Florenz kann ich zum Beispiel sagen, daß ich so ähnliches schon oft gesehen habe und mir das Bild »beinahe nichts bedeutet«. Und bei einem Computerbild eines vierdimensionalen Würfels kann ich sagen, daß ich so etwas vorher nie gesehen habe und das Bild daher »bedeutungsvoll« ist. Ich kann also zwar nicht zwischen Abbildern und Modellen, dafür aber zwischen redundanten und informativen Bildern unterscheiden. Allerdings habe ich dann nicht gesagt, »was« die Bilder bedeuten, sondern »wieviel« sie bedeuten. Und das ist die für technische Bilder angebrachte Anschauungsweise.

Es ist üblich, die technischen Bilder nicht nach ihrer Bedeutung, sondern nach ihrer Technik zu unterscheiden, zum Beispiel in chemische und elektronische Bilder. Die chemischen Bilder können wiederum in stumme und starre (Fotos) und in tönende und bewegte (Filme) unterteilt werden. Und die elektronischen lassen sich ihrerseits in verschiedene Unterarten – von Video- bis zu Computerbildern – klassifizieren. Eine solche Klassifikation kann chronologisch gelesen werden: Eine Technik folgt auf die andere und kann die vorangegangene ersetzen. Waren die ersten technischen Bilder chemisch (Fotos) und sind die jüngsten elektronisch (synthetische Bilder), so kann man eine generelle Tendenz zur Synthetisierung aller technischen Bilder, auch und vor allem der Fotos, konstatieren. Eine solche chronologische Lesart der Klassifikation nach Techniken hat zweifellos Einfluß auf die Klassifikation nach Bedeutungen. Denn die Technik, der ein Bild sein Entstehen verdankt, ist selbst informativ, und je neuer sie ist, desto informativer ist sie auch. Es ist unter diesem Gesichtspunkt überraschender, ein synthetisches Bild als ein Foto zu sehen. Die Fotografie ist als Technik im Begriff, redundant zu werden. Und das ist eine Herausforderung an die Fotografen und Filmemacher. Denn ihr Kriterium den Bildern gegenüber ist, wie gesagt, »redundant/informativ«, und ihre Einbildungskraft ist darauf gerichtet, informative Bilder zu erzeugen.

Die Frage nach der Bedeutung der technischen Bilder ist zuerst und vor allem eine Frage nach der Richtung, in welche die Gesten ihrer Einbildner weisen. Wohin zeigen die Fingerspitzen, denen die Bilder ihr Entstehen verdanken? Welches ist die Einstellung der Erzeuger der Bilder? »Wo-zu«? Betrachtet man nun diese Einstellung, diese einbildende Geste, vom Standpunkt dieser Frage aus, dann erkennt man, daß sich in ihr eine revolutionär neue Daseinsform äußert, eine gewaltsame und gewaltige Umkehrung der Einstellung des Menschen zur Welt. So gewaltsam und so gewaltig ist diese Umkehrung, daß wir Schwierigkeiten haben, sie einzusehen. Die Einbildner, die Erzeuger der technischen Bilder, sind nämlich gegen die Welt eingestellt, sie weisen auf sie zu, um ihr einen Sinn zu geben. Ihre Geste ist die befehlende, imperative Geste des Kodifizierens. Die Einbildner sind Leute, die sich gegen die Welt erhoben haben und die mit den Fingerspitzen auf sie weisen, um sie zu informieren. Und die technischen Bilder haben diese imperative, kodifizierende Bedeutung.

Das ist eine Umkehrung der vorangegangenen Einstellung des Menschen zum Universum. Das lineare, historische, von Texten informierte und Texte erzeugende Bewußtsein befindet sich in einer Welt, die verlangt, gelesen, entziffert zu werden. »Natura libellum«. Die Welt ist für ein solches Bewußtsein ein kodifizierter Text, den es zu erklären und zu interpretieren gilt. Das Resultat dieser Herausforderung der Welt an den Menschen ist, unter anderem, der Diskurs der Wissenschaften, diese lineare Serie von Erklärungen von Prozessen. Es gehen von der Welt an den Menschen Zeiger aus, Bedeutungsvektoren: Die Welt bedeutet dem Menschen etwas. Alles in der Welt ist ein Zeichen für etwas. Und der Mensch muß eine Einstellung zur Welt finden, die ihm erlaubt, diese riesenhafte Menge von Zeigern, von Zeichen, von Anzeichen zu entziffern, zum Beispiel: die sogenannten Naturgesetze aus der Welt herauszulesen. Der Mensch muß sich über die Welt wie über einen Text beugen. »Adaequatio intellectus ad rem«. Diese sich vor der Welt verbeugende Einstellung, diese Verbeugung des Bewußtseins vor der Welt, ist die Art, wie der historische Mensch in der Welt ist.

Eine solche Art von Einstellung ist nach dem Zerfall der Welt und des Bewußtseins in Punktelemente (in Partikel und Informationsbits) unmöglich geworden. Da die Fäden, welche die Prozesse zu Reihen ordnen, zerfallen sind, haben Welt und Bewußtsein ihren Textcharakter verloren. Da die Zeichen der Welt nicht mehr zu Codes geordnet sind, gibt es in ihr nichts mehr zu lesen, zu entziffern. Es stellt sich jetzt heraus, daß die Zeichen der Welt nichts bedeuten. Daß sie einen Haufen von zusammenhanglosen Elementen bilden. Und daß die Zusammenhänge, welche das historische Bewußtsein in diesen Haufen hineingelesen hat, von diesem Bewußtsein selbst textartig erzeugt wurden. Die Welt ist bedeutungslos geworden, und das Bewußtsein hat dort nichts zu suchen, da es nichts als zusammenhanglose Elemente finden könnte. Wir sind absurderweise in einer absurden Welt. Daher ist eine Verbeugung vor der Welt eine für die Welt »inadäquate« Einstellung, und sie muß aufgegeben werden.

Diese Enttäuschung, die wir gegenwärtig an allem Erklären, Interpretieren, Lesen der Welt erleben (diese Entdeckung, daß »hinter« der Welt nichts steckt, das entdeckt werden könnte), führt zu einer revolutionär neuen Einstellung der Welt gegenüber. Wir geben enttäuscht die Verbeugung auf, wir richten uns auf und strecken unseren Arm gegen die Welt, um mit dem Zeigefinger auf sie zu deuten. Es geht um ein Umkehren der Bedeutungsvektoren. Alle Zeiger, Zeichen, Verkehrssignale zeigen und deuten von nun an exzentrisch von uns selbst weg, und nichts mehr zeigt auf uns zu. Wir sind es von nun an, die auf die Welt Bedeutungen projizieren. Und die technischen Bilder sind derartige Projektionen. Gleichgültig, ob es sich um Fotos, um Filme, um Videos oder um Computerbilder handelt, sie haben die gleiche Bedeutung: dem Absurden einen Sinn zu geben.

Das Universum der traditionellen Bilder besteht aus Wänden. Diese Wände (seien es Höhlenwände oder Wände von Bürgerwohnungen) sollen mit Bildern versehen werden, welche den Umstand spiegeln, zum Beispiel Stiere oder den Kaiser Franz Joseph. Das heißt: Die Bedeutungen von »Stier« und »Kaiser« sollen an der Wand ersichtlich werden. Und das ist eine »tiefe«, »geheimnisvolle«, »heilige« Bedeutung. Die Bilder an den Wänden bringen diese Bedeutung an die Oberfläche, sie »erklären«. Das Universum der technischen Bilder hingegen besteht aus keiner »objektiven Unterlage« (selbst wenn auch vorläufig die Fotos noch an Papier, an heruntergekommenen Wänden, kleben mögen). Es geht um ins »Leere«, ins »Feld« projizierte Bilder. Und wenn diese Bilder Stiere oder den Kaiser Franz Joseph zeigen, dann um dieser »Leere«, diesem »Feld«, in denen wir zu leben haben, eine Bedeutung zu geben. Allerdings sind derart absichtlich ins Nichts projizierte Stiere und Kaiser nicht mehr erklärter Umstand, sondern Einbildungen.

Diese Umkehrung der Einstellung der Welt gegenüber ist an Radikalität mit jener anderen vergleichbar, dank derer sich unsere tierischen Ahnen aufrichteten, um Hominiden zu werden. Damals jedoch richteten wir uns auf, um mit Händen in die Welt einzugreifen, um Probleme zu lösen, um zu handeln. Und jetzt richten wir uns auf, um Bedeutungsvektoren zu projizieren, um Codes herzustellen – also nicht mehr, um zu handeln, sondern um zu symbolisieren; nicht mehr, um Gegenstände zu informieren, sondern um »reine Informationen« zu entwerfen. Die technischen Bilder sind solche Entwürfe, und je mehr sie zu elektronischen Bildern werden, desto »reiner« werden sie.

Die Umkehrung der Bedeutungsvektoren, so wie wir sie an den technischen Bildern zum ersten Mal erleben, wirkt verwirrend auf unsere hergebrachten Kategorien von »bedeuten«. Solange die Vektoren von der Welt auf uns gezeigt haben, lautete die ihnen entsprechende Frage: »Was bedeutet das Symbol, das ich zu entziffern habe?« Denn es gab damals etwas dort draußen (das Bedeutete, »signifi,«), das vom Symbol (dem Bedeutenden, »signifiant«) dargestellt wurde. Das Symbol »m« bedeutet im Code des physikalischen Diskurses »Masse«, und diese »Masse« ist etwas dort draußen im Universum des physikalischen Diskurses. Ein spezifisches Symbol bedeutet im Code der traditionellen Bilder »Haus«, und dieses »Haus« ist etwas dort draußen im Universum der traditionellen Bilder. Nach der Umkehrung der Bedeutungsvektoren hat die Frage »Was bedeutet das?« keinen Platz mehr. Denn es gibt nichts mehr dort draußen. »Was bedeutet ein technisches Bild?« ist eine falsch formulierte Frage. Die technischen Bilder stellen nicht etwas dar (obwohl sie dies zu tun scheinen), sondern sie projizieren etwas. Das von den technischen Bildern Bedeutete (»signifi,«) ist etwas von innen nach außen Entworfenes (gleichgültig, ob es ein fotografiertes Haus oder ein Computerbild eines zu bauenden Flugzeugs ist), und es ist dort draußen erst, nachdem es entworfen wurde. Daher sind die technischen Bilder nicht vom Bedeuteten her, sondern vom Bedeutenden (»signifiant«) her zu entziffern. Nicht von dem her, *was* sie zeigen, sondern *woher* sie zeigen. Und die ihnen entsprechende Frage ist: *»Wozu* bedeuten die technischen Bilder?« Ein technisches Bild entziffern heißt nicht, das von ihnen Gezeigte entziffern, sondern ihr Programm aus ihnen herauszulesen.

Um diese Umstülpung der Interpretation, diese Umkehrung unserer semantischen Kategorien verständlicher zu machen, seien die technischen Bilder mit den traditionellen verglichen. Die traditionellen Bilder sind Spiegel. Sie fangen die aus der Welt an uns herankommenden Bedeutungsvektoren auf, codieren sie um und reflektieren sie, derart umcodiert, auf einer Oberfläche. Daher ist es richtig, bei ihnen zu fragen, *was* sie bedeuten. Die technischen Bilder indessen sind Projektionen. Sie fangen bedeutungslose Zeichen auf, die aus der Welt auf sie zukommen (Photonen, Elektronen), und sie codieren sie, um ihnen eine Bedeutung zu geben. Daher ist es falsch, bei ihnen zu fragen, *was* sie bedeuten (außer man gäbe die bedeutungslose Antwort: Sie bedeuten Photonen). Zu fragen bei ihnen ist, *wozu* sie das, was sie zeigen, bedeuten. Denn was sie zeigen, ist nur eine Funktion dessen, wozu sie bedeuten.

Was die technischen Bilder zeigen, kann sehr ähnlich dem sein, was die traditionellen Bilder bedeuten. Die Fotografie eines Hauses kann dem Gemälde eines Hauses sehr ähnlich sehen. Und es hat den Anschein, als zeige das Foto das Haus dort draußen besser als das Gemälde, als sei das Foto ein besserer Spiegel als das Gemälde. Aber es ist gerade die Aufgabe der umgestülpten Interpretation (der den technischen Bildern angemessenen Kritik), aufzuzeigen, daß diese scheinbare »Objektivität« der technischen Bilder nur eine Funktion dessen ist, wozu sie bedeuten. Vom sogenannten »gesunden Menschenverstand« aus gesehen, sind die technischen Bilder objektive Abbilder von etwas dort draußen. Die Aufgabe der Kritik ist, zu zeigen, daß sie dem gesunden Menschenverstand zum Trotz nicht Spiegel, sondern Projektionen sind, deren Programm es ist, dem gesunden Menschenverstand einen Spiegelcharakter vorzuspiegeln.

Da die technischen Bilder Projektionen sind, da sie vom Projektor in Richtung auf einen Horizont weisen (etwa wie Scheinwerfer und Leuchttürme), sind sie nicht als Vorstellungen von irgend etwas dort draußen, sondern als Wegweiser nach außen zu entziffern. Sie sind von ihrem Projektor aus, von ihrem Programm aus zu kritisieren. Was die technischen Bilder zeigen, ist eine Funktion der Richtung, in welche sie zeigen. Das heißt: Ihre »Bedeutung« ist ihr »Sinn«, und es fallen bei ihnen »Bedeutung« und »Sinn« (»significance« und »meaning«) zusammen. Die semantische und die pragmatische Dimension der technischen Bilder sind identisch. Versucht man, das von ihnen Gezeigte zu analysieren, verliert man sich in falsch gestellten Fragen. »Ist ein fotografiertes Haus wirklich dort draußen, oder ist es eine Kulisse?«

oder »Ist ein Fernsehbild eines Politikers nicht vielleicht das eines den Politiker imitierenden Schauspielers?« sind keine guten Fragen. Sie erlauben keine Antwort vom technischen Bild her, bei dem jede Unterscheidung zwischen »wahr« und »falsch« hinfällig geworden ist. Denn das vom technischen Bild Gezeigte ist nicht seine Bedeutung, die es für uns symbolisch darstellen würde, es ist seine Methode, uns einen Weg zu weisen. Nicht das im technischen Bild Gezeigte, sondern das technische Bild selbst ist die Botschaft. Und es ist eine sinngebende, imperative Botschaft.

Die technischen Bilder sind von ihrem Programm her zu kritisieren. Nicht von der Spitze des Bedeutungsvektors aus, sondern vom Bogen her, der den Pfeil abgeschossen hat. Die Kritik der technischen Bilder erfordert die Analyse ihrer Flugbahn und die Analyse der dahinterstehenden Absicht. Und diese Absicht ist in der Verknüpfung, der »Schnittstelle« der sie erzeugenden Apparate mit den sie erzeugenden Einbildnern zu suchen. Eine solche Kritik verlangt nach neuen Kriterien, anderen als jenen, die für traditionelle Bilder gelten, Kriterien etwa wie »Informationsgehalt« oder »Strukturanalyse«. Und dies, weil die technischen Bilder, diese umgestülpten Bedeutungsvektoren, eine vordem nicht dagewesene Bedeutung haben: Sie bedeuten nicht etwas, sie bedeuten eine Richtung.

So wie sie uns gegenwärtig umgeben, bedeuten die technischen Bilder Modelle (Vorschriften) für das Erleben, Erkennen, Werten und Verhalten der Gesellschaft. Sie bedeuten imperative Programme. Die Einbildner und ihre Apparate geben gegenwärtig ihren Bildern eine nicht nur programmierte, sondern auch programmierende Bedeutung. Es sind gegenwärtig imperativ ausgestreckte Zeigefinger, in deren Richtung wir blindlings folgen – außer wir kommen darauf, daß sie eben dieses unser blindes Befolgen bedeuten. Sollten wir hierauf tatsächlich kommen (und es gibt Anzeichen dafür, daß wir dies zu tun beginnen), dann können die technischen Bilder dramatisch ihre Bedeutung ändern. Sie können dann nämlich zu dialogisch ausgearbeiteten Wegweisern werden, zu Wegweisern in einer absurd gewordenen Welt für sich des Absurden bewußt Gewordene.

7. VERKEHREN

Die technischen Bilder sind keine Spiegel, sondern Projektoren. Sie entwerfen Bedeutungen auf trügerischen Oberflächen, und diese Entwürfe sollen für ihre Empfänger zu Lebensentwürfen werden. Die Menschen sollen sich nach diesen Entwürfen richten. So zumindest funktionieren die technischen Bilder gegenwärtig, und daraus ist eine Gesellschaftsstruktur entstanden, in der sich die Menschen nicht mehr um Probleme, sondern um die technischen Bilder gruppieren. Eine solche Gesellschaftsstruktur bedarf neuer soziologischer Kriterien, sie verlangt nach einem neuen soziologischen Ansatz. Die klassische Soziologie geht vom Menschen aus, von seinen Bedürfnissen, Wünschen, Gefühlen und Kenntnissen, und sie teilt die Gesellschaft nach zwischenmenschlichen Beziehungen auf, zum Beispiel in Gruppen vom Typ »Familie«, »Volk« oder »Klasse«. Die Kulturgegenstände sind für die klassische Soziologie Vermittlungen zwischen Menschen, und solche Gegenstände (wie Tische, Häuser, Autos) sind daher vom Menschen her zu erklären. Ein solcher Ansatz und solche Kriterien sind für die gegenwärtige Gesellschaftsstruktur nicht mehr gültig. Nicht mehr Menschen, sondern technische Bilder stehen jetzt im Zentrum, und dementsprechend sind es die Beziehungen zwischen dem technischen Bild und den Menschen, nach denen die Gesellschaft zu klassifizieren ist, zum Beispiel in Gruppen vom Typ »Kinobesucher«, »Fernsehzuschauer« oder »Computerspieler«. Die Bedürfnisse, Wünsche, Gefühle und Kenntnisse des Menschen sind vom technischen Bild her zu erklären. Und das bedeutet für die künftige Soziologie, daß sie den Menschen aus dem Zentrum zum Horizont ihres Blickfelds verschieben muß, und dies eben gerade, wenn sie an der Erhaltung der menschlichen Freiheit und Würde engagiert ist.

Die Beziehung zwischen technischem Bild und dem Menschen, der Verkehr zwischen beiden, ist daher das zentrale Problem einer jeden künftigen Kulturkritik, und alle übrigen Probleme sind von hier aus zu fassen. Was als erstes bei diesem Verkehr auffällt, ist seine penetrant projektive Richtung. Das technische Bild richtet sich an den

Menschen, dringt zu ihm vor und erreicht ihn bis in den geheimsten Winkel seines Privatraums. Der Mensch geht nicht mehr aus seinem Privaten ins Öffentliche hinaus, um sich zu informieren (auf den Marktplatz, in die Schule), und wenn er dies trotz der Penetranz der technischen Bilder noch immer tut, so weil sich die neue Gesellschaftsstruktur noch nicht völlig durchgesetzt hat. Marktplatz, Schule und vergleichbare öffentliche Räume sind archaische, der gegenwärtigen Kommunikation nicht angemessene Räume, und sie werden aufgegeben werden. Zwar sind Massenkundgebungen, Demonstrationen, Open-air-Festivals usw. an der Tagesordnung und fahren Busse durch die Gegend, um Touristen an Stränden und Skibahnen zu häufen, doch sind dies nicht öffentliche, politische Ansammlungen im genauen Sinne dieses Wortes, sondern programmierte Desinformationen. Die technischen Bilder dringen durch zahllose Kanäle (Fernsehkanäle, Massenillustrierte, Computerterminals) in den Privatraum ein, ersetzen und verbessern die einst in öffentlichen Räumen erfolgte Informationsverteilung und verstopfen damit alle öffentlichen Räume. Der Mensch geht nicht mehr aus seinem Privatraum ins Öffentliche hinaus, weil er sich besser daheim informiert und weil im Grunde gar kein öffentlicher Raum mehr da ist, in den er sich begeben könnte.

Ein einziges technisches Bild, nämlich der Film, scheint dieser penetrant projektiven Richtung des Verkehrs zu widersprechen. Bei ihm sieht es so aus, als würden Bilder gegen eine öffentlich aufgestellte Leinwand projiziert und als müßten sich die Menschen in einen öffentlichen Raum, das Kino, begeben, um diese Bilder zu empfangen. Es sieht so aus, als wäre das Kino eine Art von Theater, nämlich ein »Lichtbildtheater«. Träfe dies zu, so könnte man vom Film behaupten, daß sich bei ihm ein technisches Bild »politisch« gebärdet, indem es nämlich die Menschen aus dem Privaten ins Öffentliche heranzieht. Und wäre das Kino tatsächlich ein Theater, das heißt ein Ort für Beschaulichkeit, für »Theorie«, dann könnte man vom Film behaupten, daß in seinem Fall ein technisches Bild seine Betrachter dazu führt, den Schein zu durchblicken und sich vom Bild zu befreien. Leider ist dies eine irrige Ansicht. Der Film wird in Kinos gezeigt, nicht weil er ein politisches und philosophisches Bewußtsein in seinen Empfängern wecken will, sondern weil er auf einer Technik basiert, die aus dem 19. Jahrhundert stammt, aus einer Zeit, da sich die Empfänger noch zum Informationssender hinbewegen mußten. Und da diese Technik der allgemeinen Gesellschaftsstruktur heute nicht mehr entspricht, wird sie verbessert: Die Filme werden durch elektronische Aufzeichnungsverfahren ersetzt, und die Kinos werden verschwinden. Es gibt die Tendenz, das Kino in die neue Kommunikationssituation hinüberzuretten, eben um ein politisches Bewußtsein, einen öffentlichen Raum zu bewahren. Ähnliches wird auch beim Theater (mindestens seit Brecht), beim Konzert (mindestens seit Cage) und bei der Oper (mindestens seit der Verlegung der Aufführung vom Opernhaus auf die Straße) unternommen. Es läßt sich allerdings fragen, ob ein in künstlich aufrechterhaltenen Republiken vegetierendes politisches Bewußtsein diese Rettungsversuche wert ist.

Die projektive Penetranz der technischen Bilder treibt den Empfänger in einen Winkel, setzt ihn unter Druck, und dieser Druck führt ihn dazu, auf Tasten zu drücken und das Bild im Winkel erscheinen zu lassen. Es ist daher ein optimistischer Unsinn, wenn jemand behauptet, er sei frei, sein Fernsehen nicht einzuschalten, keine Zeitung zu bestellen oder nicht zu fotografieren. Die Energie, die er aufwenden müßte, um dem penetranten Druck der technischen Bilder zu widerstehen, würde ihn aus dem Gewebe der Gesellschaft hinausprojizieren. Die technischen Bilder vereinsamen zwar jene, die sie in ihren Winkeln empfangen, aber sie vereinsamen noch mehr jene wenigen, die vor ihnen flüchten.

Es ist aber nicht so, daß mit dem Empfang der technischen Bilder der Kommunikationsprozeß beendet wäre. Die Empfänger sind nicht Schwämme, die die technischen Bilder bloß aufsaugen, sie müssen vielmehr auf den Empfang reagieren. Nach außen hin müssen sie gemäß dem empfangenen technischen Bild funktionieren: Seifen kaufen, in Urlaub fahren, eine politische Partei wählen. Für den hier besprochenen Verkehr zwischen Bild und Mensch ist allerdings entscheidend, daß die Empfänger auch nach innen, auf das empfangene Bild hin reagieren müssen. Sie müssen es füttern. Zwischen Bild und

Empfänger muß ein Feedback-Bogen entstehen, durch den die Bilder immer fetter werden. Die Bilder verfügen über Feedback-Kanäle, die in umgekehrter Richtung der Verteilungskanäle laufen und die Sender über die Reaktionen der Empfänger informieren, Kanäle vom Typ »Marktforschung«, »Demoskopie« und »politische Wahlen«. Dank dieses Feedbacks verändern sich die Bilder, werden immer besser und immer mehr so, wie sie die Empfänger haben wollen. Das heißt: Die Bilder werden immer mehr so, wie sie die Empfänger haben wollen, damit die Empfänger immer mehr so werden, wie sie die Bilder haben wollen. Das ist, kurz gesagt, der Verkehr zwischen Bild und Menschen.

Ich will für diesen Verkehr zwei Beispiele geben, das eines Film- und das eines Fernsehprogramms. Menschen sitzen in einem verdunkelten Raum und starren auf eine schimmernde Leinwand, auf welcher sich riesige Gestalten zu bewegen scheinen. Um dort sitzen zu können, sind sie Schlange gestanden und dann auf geometrisch geordnete Sitze verteilt worden. Aus einer arithmetischen Reihe ist eine geometrische Struktur geworden. So geometrisch verteilt, strecken sich die Menschen gemütlich aus, um das Programm zu empfangen (um programmiert zu werden). Sie sind aus »denkenden Sachen« zu »geometrisch ausgedehnten Sachen« geworden, womit sich das kartesische Problem des Angleichens der denkenden an die ausgedehnte Sache im Kino erledigt hat. Jetzt beginnen die Gestalten plötzlich auf der Leinwand zu hüpfen, statt zu gleiten. Die Empfänger wissen, was das bedeutet: Der Projektor funktioniert nicht richtig. Wären die Empfänger Sklaven in einer platonischen Höhle, so würden sie dies begrüßen, denn es wäre für sie ein Schritt zu ihrer Befreiung vom Sehen der Schatten. Die Kinobesucher jedoch wenden verärgert den Kopf gegen den Projektor. Sie haben gezahlt, um betrogen zu werden. Zwischen ihnen und der Leinwand besteht ein Konsensus zugunsten des Betrügens, ein aus Feedback zwischen Leinwand und Betrachter entstandener Konsensus. Der gegenwärtige Kinobesucher ist das Resultat einer Fütterung seitens vorangegangener Filme, und der Film auf der Leinwand ist das Resultat einer Rückfütterung seitens der Empfänger vorangegangener Filme. Je länger diese gegenseitige Fütterung vor sich geht, desto stärker und stabiler wird auch der Konsensus zwischen dem technischen Bild und den Menschen.

Ein brasilianischer Fußballklub spielt gegen einen deutschen in Tokio, und ein brasilianischer Wissenschaftler empfängt, mitten in der Nacht, dieses Wettspiel auf seinem Fernsehschirm. Er gehört zu jenen wenigen, welche den technischen Bildern entfliehen wollen, und Fußball ist eine Entfremdungsmethode für ihn, die er verachtet. Er hat trotzdem, unter dem Druck der technischen Bilder, seinen Empfangsapparat eingeschaltet und ist vom Programm begeistert. Um sich dieser Begeisterung zu erwehren, kalkuliert er die Länge der Schatten, welche die Spieler werfen, und daraus die Divergenz zwischen Nacht und Sommer in Brasilien und Tag und Winter in Japan. Er will das Bild ent-magisieren (es wissenschaftlich erklären) und so seinem Zauber entrinnen. Er verfällt dem Zauber dennoch, da das Programm in ihm längst verschüttet geglaubte Ebenen mobilisiert (zum Beispiel Patriotismus und Rauflust). Er glaubt zuerst, seine Begeisterung sei durch »Ansteckung« von der Begeisterung der brasilianischen Fußballer entstanden. Bei kritischer Analyse stellt er jedoch fest, daß diese Fußballer begeistert waren, eben weil sie wußten, von ihm und seinesgleichen empfangen zu werden. Sie spielten nicht in Funktion des Wettspiels, sondern in Funktion der Bildsendung, sie engagierten sich nicht (oder nicht vorwiegend) am Spiel, sondern an Fernsehbildern. Die Begeisterung ist demnach ein Aspekt der Feedback-Schleife zwischen Bild und Mensch: Die Bilder werden um so begeisterter, je begeisterter die Empfänger sind, und die Empfänger um so begeisterter, je begeisterter die Bilder sind. Und sie werden dies, selbst wenn sie der Faszination der Bilder ausweichen wollen. Der sich automatisch dank Feedback verstärkende Konsensus zwischen Bild und Mensch verwandelt alle Menschen in Empfänger, seien sie ursprünglich dafür willig oder unwillig gewesen. Und dieser Konsensus bildet den Kern der von technischen Bildern beherrschten Gesellschaft.

Im Feedback zwischen Bild und Mensch scheint sich ein geschlossener Schaltkreis (closed circuit) hergestellt zu haben: Das Bild zeigt eine Waschmaschine, von der es will, daß wir sie kaufen, und wir wollen, daß das Bild uns die Waschmaschine zeige, weil wir sie kaufen wollen. Das Bild zeigt eine politische Partei, von der es will, daß wir sie wählen, und wir wollen, daß das Bild uns die Partei zeige, weil wir sie wählen wollen. Es kann sich aber bei diesem Feedback nicht tatsächlich um einen geschlossenen Kreis handeln. Sonst nämlich würden die Bilder in Entropie verfallen: Es wären immer die gleichen Bilder, die sich ewig wiederholen würden. Das Bild muß, um sich verbessern zu können (für die Empfänger immer neu zu sein, sie immer neu programmieren zu können), von anderswo her als nur vom Empfänger gefüttert werden.

Die Bilder nähren sich von Geschichte. Von Politik, von Wissenschaft, von Kunst, von den Ereignissen des sogenannten täglichen Lebens. Und nicht nur vom gegenwärtigen, auch vom vergangenen Geschehen. Ein Foto zeigt eine politische Manifestation, ein Film eine diese Woche geschlagene Schlacht, ein Fernsehbild die Rekonstruktion eines Laboratoriums des vorigen Jahrhunderts, ein Videoband zeigt Renaissancebauten. Es sieht demnach so aus, als seien die technischen Bilder Fenster, durch die hindurch der in seinen Winkel getriebene Empfänger die Ereignisse dort draußen ansehen könne, und als ob sich die Bilder ewig erneuern könnten, weil sich immer Neues ereignet und weil die Quellen, aus denen sie schöpfen (die vergangene Geschichte), nie versiegen können. Bei näherem Hinsehen jedoch erweist sich sowohl der Fenstercharakter der technischen Bilder als auch die Unversiegbarkeit der Geschichte in Richtung Zukunft und Vergangenheit als ein Irrtum.

Das gegenwärtige Geschehen rollt nicht mehr irgendeiner Zukunft, sondern den technischen Bildern entgegen. Die Bilder sind nicht Fenster, sie sind Staudämme der Geschichte. Die politische Manifestation sieht nicht darauf ab, die Welt zu verändern, sondern fotografiert zu werden. Die diese Woche geschlagene Schlacht sieht darauf ab, gefilmt zu werden. (Der Libanonkrieg war ein wichtiges Ereignis: das erste nämlich, an welchem diese Umkehrung der Geschichte von der Zukunft weg und dem Bild entgegen beobachtet werden konnte.) Und es stellt sich ein neuartiger Verkehr, ein Feedback zwischen Bild und Geschehen ein. Das Geschehen speist Bilder, und die Bilder speisen das Geschehen. Die Absicht der Mondlandung war ein Fernsehprogramm, und es stand auf dem Programm des Fernsehens, eine Expedition zum Mond zu unternehmen. Zum Heiraten gehört, daß man fotografiert wird, und Hochzeiten stehen auf dem Programm des Fotografierens. Dies wird für alles Geschehen immer deutlicher gelten. Unser Geschichtsbewußtsein wehrt sich gegen dieses neu aufkommende Verständnis des Geschehens. Wir suchen nach Beispielen, bei denen wir ein vom Sog der technischen Bilder nicht infiziertes Handeln feststellen könnten (zum Beispiel im relativ bilderlosen Afghanistankrieg). Weil wir in den Bildern eine Bedrohung des freien Handelns sehen, die wir nicht wahrhaben wollen. Aber gerade dann wird uns bewußt, wie weit bereits jetzt ein tatsächlich historisches Handeln wie das der afghanischen Freiheitskämpfer gegen den Horizont der Gegenwart gedrängt ist.

In der ersten, gegenwärtigen Phase bedeutet diese Umkehr des Geschehens von der Zukunft zum Bild eine Beschleunigung des Geschehens. Die Ereignisse kommen in den Sog der Bilder und rollen diesen immer wilder entgegen. Ein politisches Ereignis folgt auf das andere in gesteigerter Überstürzung, eine wissenschaftliche Theorie tritt neben die übrigen, ein Kunststil wird vom nächsten ersetzt, kaum daß er entstanden ist. Die Lebensdauer eines Modells wird gegenwärtig nicht nach Jahrhunderten, sondern nach Monaten gerechnet. Beschleunigter Fortschritt. Aber die Modelle überstürzen einander nicht, um die Welt zu verändern, sondern um immer wieder, theoretisch ewig, auf Bildern gezeigt zu werden. Die Linearität der Geschichte richtet sich der Zirkularität der technischen Bilder entgegen. Die Geschichte rollt, um sich in Bildern zu drehen. Nachgeschichte.

Das besagt, daß die Quellen, aus welchen die Geschichte sprießt, zu versiegen beginnen. Diese Quellen sind die Freiheit des Menschen, das heißt: sein Entschluß, zu handeln, damit die Welt so werde, wie sie sein soll. Wenn sich das Handeln nicht mehr der Welt entgegen, sondern in die entgegengesetzte Richtung, auf das Einbilden hin richtet, dann ist von Freiheit im oben gemeinten Sinn keine Rede mehr. Der Handelnde befindet sich dann in einem ähnlichen Feedback-Verkehr mit den Bildern, in dem sich bereits auch der Bildempfänger befindet. Das war aus dem Beispiel des Fußballspiels im Fernsehprogramm zu erkennen. Ein derartiges Handeln ist begeisternd, weil es den Bildempfänger begeistert, und der Bildempfang ist begeisternd, weil es die Handelnden begeistert. Aus Geschichte ist Schauspiel geworden.

Aber auch die vergangene Geschichte erweist sich bei näherem Hinsehen als eine von den technischen Bildern erschöpfliche Quelle. Es ist zwar wahr, daß wir im Verlauf der Jahrtausende eine riesige Menge von Informationen angesammelt haben. Und ebenso wahr ist, daß eine noch größere Menge in Vergessenheit geraten ist und zum Teil wiedergewonnen werden könnte. Aber diese Menge bleibt begrenzt, während die Freßlust der technischen Bilder riesig ist. Obwohl die Bilder im Verhältnis zur Dauer der Geschichte erst seit kurzem von ihr saugen, beginnen die ersten Anzeichen für eine Erschöpfung dieser Quelle zu erscheinen. Die Bilder beginnen, am Boden des für bodenlos gehaltenen Brunnens zu kratzen. Dazu kommt, daß es für die Bilder gleichgültig ist, ob sie sich von Gegenwart oder von Vergangenheit nähren. Diese historischen Kategorien haben bei ihnen jede Bedeutung verloren. Das Universum der Geschichte ist für die Bilder nichts als ein Feld von Möglichkeiten, die ins Bild gesetzt werden können. Und einmal ins Bild gesetzt, ist alles gegenwärtig und dreht sich in ewiger Wiederholung des Gleichen, ob es sich nun um eine Schlacht im Libanonkrieg oder im Peloponnesischen Krieg handelt. Damit verwandeln die Bilder die Vergangenheit rückgreifend in gegenwärtige Programme, deren Funktion es ist, Empfänger zu programmieren, während die Vergangenheit zur bloßen Bildfunktion zusammenschrumpft.

Was wir »Geschichte« nennen, ist die Weise, in welcher der Umstand durch die linearen Texte hindurch erkannt wird. Texte machen Geschichte, indem sie ihre eigene lineare Struktur in den Umstand hineinprojizieren. Legt man die Texte an den kulturellen Umstand an, dann macht man Kulturgeschichte, und legt man ihn an den natürlichen Umstand an (was erst relativ jüngst geschah), dann macht man Naturgeschichte. Diese Historisierung des Umstands verändert die Lebensstimmung. Da sich in einer linearen Struktur kein Element wiederholen muß, und da jedes Element eine für sich charakteristische Stellung darin einnimmt, wird unter historizistischer »Lesart« der Umwelt jedes Element darin ein einzigartiges Ereignis, und jede verpaßte Gelegenheit, in den Lauf der Geschichte einzugreifen, wird zu einer definitiv verlorenen Handlung. Diese dramatische Lebensstimmung kennzeichnet das historische Bewußtsein. Es steht im Gegensatz zur vorgeschichtlichen Lebensstimmung, für welche sich in der Umwelt (wie eben im Bild) alles wiederholen muß, für welche die Zeit in der Umwelt kreist, um alles wieder an den ihm gebührenden Platz zurückzustellen, und für welche es daher nicht darum geht, den Lauf der Welt zu verändern, sondern der gerechten Strafe für Eingriffe in die Welt zu entrinnen. Ein Beispiel für das Zusammenstoßen des geschichtlichen mit dem vorgeschichtlichen Bewußtsein bieten die Germanenkriege der Römer. Sie sind Teil einer römischen, nicht aber einer germanischen Geschichte, weil sie von den Römern, nicht aber den Germanen als ein einmaliges, nie wiederholbares Ereignis gelesen wurden.

Die technischen Bilder übersetzen historische Ereignisse in ewig wiederholbare Projektionen. Hätte es zur Zeit der Schlacht im Teutoburger Wald Videos gegeben, man hätte diese Schlacht jeden Abend »neu« schlagen können, und hätte es damals synthetisierbare Bilder gegeben, man hätte diese Schlacht jeden Abend anders schlagen können. Wer gegenwärtig Geschichte machen will (ein neuer Varus sein will), der muß im Video handeln. Aber das wäre ein Unsinn. Denn der neue Varus weiß, daß er sich nur einbildet, zu handeln, während der tatsächliche Einbildner das Videobild (sich selbst inbegriffen) nach ihm fremden Kriterien behandelt. Das den technischen Bildern entsprechende Bewußtsein steht über der Geschichte. Geschichte, Texte sind für ihn Material für Bilder. Die technischen Bilder machen aber Herrmann den Cherusker ebenso unmöglich. Denn Hermann fühlte sich von kreisenden Mächten (von »Göttern«, vom »Schicksal«) geleitet, während ein neuer Hermann weiß, daß seine Heldentaten im Video umprogrammiert werden können. Für die technischen Bilder sind Geschichte und Vorgeschichte Prätexte, von denen sie sich nähren.

In ihrer ersten, gegenwärtigen Phase können sich die technischen Bilder dank dieser Fütterung seitens der Geschichte noch ständig erneuern. Aber die Geschichte ist daran, zu versiegen, und zwar gerade weil sich die Bilder von ihr nähren, weil sie wie Parasiten auf der Geschichtslinie sitzen, um sie in Kreise umzucodieren. Sobald sich diese Kreise geschlossen haben werden, wird der Verkehr zwischen Bild und Mensch tatsächlich zu einem geschlossenen Feedback-Kreis geworden sein. Die Bilder werden dann immer das gleiche zeigen und die Menschen immer das gleiche gezeigt bekommen wollen. Der Mantel der ewigen und unendlichen Langeweile wird sich über die Gesellschaft breiten. Sie wird in Entropie verfallen, und diesen heranrückenden Verfall können wir bereits jetzt konstatieren. Er äußert sich in der Sensationslüsternheit der Empfänger: Es müssen immer neue Bilder her, weil alle Bilder längst dazu neigen, langweilig zu werden. Der Verkehr zwischen Bild und Mensch weist der Entropie, dem Tod entgegen.

So wie die Bilder gegenwärtig mit den Menschen verkehren, und zwar sowohl mit den empfangenden wie mit den handelnden Menschen (mit ihren Patienten wie mit ihren Akteuren), ist mit einem Ende der Geschichte mit an Sicherheit grenzender Wahrscheinlichkeit zu rechnen. Keine wie immer gearteten Katastrophen (zum Beispiel nukleare) sind hierzu nötig, die technischen Bilder selbst sind das Ende. Eine Endzeit der ewigen Wiederkehr des Gleichen steht im Programm dieser Bilder: Zu diesem spezifischen Zweck, zur Beendigung der Linearität, zur Wiederaufrichtung des magischen Zirkels und als ein ewiges, sich drehendes und alles vergegenwärtigendes Gedächtnis sind sie erfunden worden. Die technischen Bilder selbst sind apokalyptisch, nicht irgendwelche Katastrophen.

Der gegenwärtige Verkehr zwischen Bild und Mensch führt zu einem Verlust des Geschichtsbewußtseins im Bildempfänger und infolgedessen auch zu einem Verlust jeder geschichtlichen Handlung, die auf den Bildempfang folgen könnte. Aber dieser gegenwärtige Verkehr führt noch nicht zum Emportauchen des neuen Bewußtseins, außer er würde sich radikal verändern. Außer das Feedback würde unterbrochen und die Bilder würden zu Vermittlungen zwischen Menschen werden. Dieser mögliche Durchbruch durch den magischen Kreis zwischen Bild und Mensch ist die Aufgabe, vor die wir gestellt sind, und dieser Durchbruch ist nicht nur technisch, sondern vor allem auch existentiell möglich. Denn die Bilder beginnen uns zu langweilen, trotz des mit ihnen bestehenden Konsensus. Der Verkehr zwischen Bild und Mensch ist das Zentralproblem der von technischen Bildern beherrschten Gesellschaft. Er ist der Punkt, von dem aus es möglich ist, die emportauchende »Informationsgesellschaft« umzustrukturieren und menschenwürdig zu gestalten.

8. STREUEN

Die technischen Bilder stehen im Zentrum der Gesellschaft. Aber da sie penetrant sind, scharen sich die Menschen nicht um sie, sondern sie verkriechen sich, jeder in seinen Winkel. Die technischen Bilder werden ausgestrahlt, und an der Spitze eines jeden Strahls sitzt, einsam in die Enge getrieben, ein Empfänger. Auf diese Weise zerstreuen die technischen Bilder die Gesellschaft zu Körnern. Jedes technische Bild (mit Ausnahme des besprochenen Films) wird als Endpunkt eines Strahls, als ein »Terminal« empfangen. Daher bildet die zerstreute Gesellschaft keinen amorphen Sandhaufen, sondern ihre Körner verteilen sich nach der Struktur der von den Zentren ausgehenden Strahlen. Diese Strahlen (die Kanäle, die Medien) strukturieren die Gesellschaft, etwa wie ein Magnet um sich herum Eisenspäne strukturiert. Die von der magnetischen Faszination der technischen Bilder zerstreute Gesellschaft ist wohl strukturiert, und eine Analyse der Medien bringt diese Struktur zutage. Die Medien bilden von den Zentren, den Sendern, ausgestrahlte Bündel. »Bündel« heißen lateinisch »fasces«. Die Struktur der von technischen Bildern beherrschten Gesellschaft ist demnach fascistisch, und zwar ist sie fascistisch nicht aus irgendwelchen ideologischen, sondern aus »technischen« Gründen. So wie die technischen Bilder gegenwärtig geschaltet sind, führen sie »von selbst« zu einer fascistischen Gesellschaft.

Diese Gesellschaftsstruktur taucht erst seit wenigen Jahrzehnten empor, und sie bricht dabei durch die vorangegangenen Gesellschaftsstrukturen, wie etwa ein Unterseeboot durch eine Eisdecke hindurch emportaucht. Die vorangegangenen zwischenmenschlichen Gesellschaftsgruppen fallen bei diesem Durchbruch zu allen Seiten hin auseinander und zerbröckeln. Familie, Volk, Klasse zerbersten zu Schollen. Und es ist bezeichnend für die meisten Soziologen und Kulturkritiker, daß sie sich für den Zerfall der hergebrachten Gesellschaftsstruktur mehr interessieren als für das Emportauchen der neuen; daß sie mehr auf das Krachen des Eises als auf das emportauchende Unterseeboot achten. Daher sprechen sie von einem Verfall der Gesellschaft, statt von der neuen Gesellschaft zu sprechen. Sie kritisieren die zerfallenden Strukturen, anstatt die neuen zu kritisieren. An der Familie etwa kritisieren sie den phallokratischen Machismus, am Volk den Chauvinismus, an der Klasse den Kampf zwischen Klassen; sie kicken tote Pferde.

Die Erklärung für diese Verblendung der Kritik ist leicht zu finden. Die zerfallenden Gesellschaftsformen sind »interessanter« als die neuen, da sie von Gewohnheit geheiligt sind. Die Familie zum Beispiel ist eine ernste Sache, und die sie ausmachenden zwischenmenschlichen Beziehungen (zum Beispiel die Liebe zwischen Mann und Frau oder zwischen Eltern und Kindern) sind »hohe Werte«. Wenn die Familie auseinanderfällt, dann gehen grundlegende Werte verloren. Daher sieht es so aus, als ob eine konstruktive Kritik an der zerfallenden Familie (zum Beispiel das Vorschlagen von alternativen Familienmodellen wie Kibbuz oder Kooperative) ein berechtigtes Engagement wäre. Tatsächlich aber ist jeder Versuch, die Familie vor dem Durchbruch des Fernsehens oder des Computerterminals retten zu wollen, ein verlorenes, »reaktionäres« Unterfangen. Sie ist eine der Eisschollen, die auseinanderkollern und zerbröckeln.

Im Vergleich zur Familie sind die neuen Gesellschaftsformen, zum Beispiel »Zeitungsabonnenten«, uninteressante Formen. Sie sind nicht geheiligt. Es ist an der Beziehung zwischen Zeitungsempfänger, Zeitung und Zeitungssender kein »hoher Wert« erkenntlich. Wer sich damit beschäftigt, diese neue Gesellschaftsform zu kritisieren, scheint von Nebensachen zu sprechen. Tatsächlich aber sind es gerade diese neuen Formen, die unsere konzentrierte Kritik erfordern. Denn sie sind nicht nur daran, die alten geheiligten Formen hinwegzufegen, sondern auch, neue Beziehungen zu heiligen und neue Werte aufzustellen. Wenn die Absicht der Kulturkritik ist, die menschliche Freiheit und Würde zu erhalten und zu mehren, dann muß sie sich gerade auf die neuen Formen konzentrieren. Denn nur wenn wir die emportauchenden faschistischen Formen rechtzeitig erkennen, um sie ändern zu können, dürfen wir hoffen, daß die gegenwärtige Revolution der technischen Bilder gegen die hergebrachte Gesellschaftsstruktur eine menschenwürdige Gesellschaft entstehen läßt.

Die gegenwärtige Kulturrevolution ist technisch, nicht ideologisch. Deshalb ist ihr nicht mit hergebrachten politischen Kategorien, wie »liberal« und »sozialistisch«, »konservativ« und »fortschrittlich«, beizukommen. Das mag die Kritiker verwirren. Aber es gilt für alle tatsächlich umwerfenden Revolutionen, daß sie technisch waren. Nehmen wir als Beispiel die gewaltigste uns bekannte Revolution, die des Neolithikums. Sie erwuchs aus den neuen Techniken des Ackerbaus und der Viehzucht. Diese Techniken strukturierten die vorangegangene mesolithische Gesellschaft um und führten zu neuen Familienformen, zum Dorf, zum Krieg, zum Privatbesitz, zur Versklavung. Die neuen Gesellschaftsformen wurden dann, nachträglich, geheiligt und zu Werten erhoben. Nicht die neolithischen Religionsstifter, sondern die »Erfinder« von Kuh und Mehl waren die Revolutionäre. Und hätte ein damaliger Kritiker vom Standpunkt der vorangegangenen Ideologien kritisiert (zum Beispiel von den Werten des Jägers her), er wäre an der Sache vorbeigegangen. Eine ähnliche Überlegung kann für die erste Industrierevolution gelten. Auch sie war technisch, ihre Revolutionäre waren die Erfinder der Maschinen, und die von ihr hergestellten Gesellschaftsformen (zum Beispiel das Proletariat) sind erst nachträglich von »Religionsstiftern« wie Marx oder Lenin geheiligt worden.

Die gegenwärtigen Revolutionäre sind nicht die Gaddhaffis oder Meinhofs, sondern die Erfinder der technischen Bilder. Niépce, Lumière, die zahllosen und namenlosen Erfinder der Computertechnik, sie sind es, die die neue Gesellschaftsform zum Emportauchen bringen. Infolgedessen müssen wir uns, wenn wir uns für eine menschenwürdige Gesellschaft engagieren, mit den neuen Techniken auseinandersetzen und nicht mit irgendwelchen hohen Werten. Zum Beispiel müssen wir fragen, ob es technisch möglich ist, die faschistische Struktur der Bildausstrahlung umzuformen. Solche technischen Fragen sind gegenwärtig die politisch interessanten. Die nachträgliche Heiligung und Wertung können wir späteren »Religionsstiftern« überlassen. Und wer gegenwärtig »politisch« im Sinne der hergebrachten Kategorien denkt und etwa meint, daß Technik politisch neutral sei, geht an der gegenwärtigen Kulturrevolution vorbei.

Die Zerstreuung der hergebrachten Gesellschaftsgruppen durch die technischen Bilder (zum Beispiel die der Familie durch den Fernsehapparat oder die des Volkes durch Satelliten) sieht, von der Vergangenheit her gesehen, wie Dekadenz aus. Die Gesellschaft zerfällt in Körnerhaufen, in »einsame Masse«, und die zwischenmenschlichen Bindungen, das gesellschaftliche Gewebe gehen in Auflösung über. Die vereinzelt vor Computerterminals sitzenden, einander den Rücken wendenden jungen Kalifornier haben kein soziales Bewußtsein. Sie gehören keiner Familie an und identifizieren sich mit keinem Volk und keiner Klasse. Sieht man jedoch diese Zerstreuung unideologisch, nämlich »phänomenologisch«, dann wird man an ihr das Emportauchen des neuen sozialen Gewebes erkennen. Man wird die Fäden erkennen, welche diese »neuen Menschen« mit den Sendern der technischen Bilder verbinden. Man wird erkennen, daß es sich nicht um »a-soziale«, sondern um ungewöhnlich stark sozialisierte, wenn auch in einem neuen Sinn sozialisierte Menschen handelt. Um derart stark sozialisierte Menschen nämlich, daß wir bei ihnen, trotz ihrer scheinbaren Vereinsamung, um ihre Individualität fürchten müssen. Die vereinsamende Zerstreuung erweist sich bei ihnen als Kehrseite der Münze »Gleichschaltung«.

Beim gegenwärtigen Schaltplan der technischen Bilder ist diese Befürchtung berechtigt. Aber es gibt Anzeichen für eine mögliche Änderung dieses Schaltplans. Denn die neue Gesellschaftsstruktur ist dynamisch. Die sie ordnenden Fäden »laufen«, und zwar vom Bild zum vereinsamten Menschen und zurück zum Bild zu. Dieser Verkehr zwischen Bild und Mensch, dieses entropisch zu werden drohende Feedback bildet den vereinsamenden und vermassenden Kern der Gesellschaft. Aber es gibt Ansätze zu Fäden, welche in einer anderen Richtung »laufen«. Nämlich quer durch die Strahlenbündel, welche Bild und Mensch aneinanderbinden, und von einem Menschen zum anderen; Ansätze zu »dialogischen« Fäden, welche die »diskursiven« Strahlenbündel der Medien sozusagen horizontal durchqueren. Derartige »dialogische« Fäden (etwa Kabel, Videofone oder »konferenzgeschaltetes« Video) können das faschistische Bündelgewebe der emportauchenden Gesellschaft zu einem Netzgewebe verknüpfen, zu jenem Netzgewebe nämlich, das wir gewohnt sind, »demokratisch« zu nennen. Und wäre ein solches Netz tatsächlich errichtet und wären die Bilder nach einem solchen Schaltplan installiert, könnte selbstredend von Vereinsamung und Gleichschaltung keine Rede mehr sein. Dann nämlich würden in der Zukunft die Menschen in einem Dialog, einem »kosmischen Gespräch« sein.

Ob und wie die dialogischen Fäden gezogen werden können, ist eine technische Frage. Doch das tatsächlich revolutionäre Engagement ist, aus dieser technischen eine politische Frage zu machen. Und das heißt, die Streuung der Gesellschaft durch Umbau des Schaltplans der Bilder in den Dienst der menschlichen Freiheit und Würde zu stellen, damit die Dynamik der emportauchenden Gesellschaft diesen »Werten« dienen möge. Allerdings setzt ein solches Engagement voraus, daß der Umbau des Schaltplans selbst dialogisch vorgenommen wird. Denn wenn, wie gegenwärtig, die dialogischen Fäden von den Sendern, wie Regierungen oder kommerziellen Instituten, eingeführt werden, müssen sie, trotz ihrer dialogischen Funktion, im Dienste der Sender bleiben. Die Netze stützen dann die Bündel. Um die technische zu einer politischen Frage zu machen, muß man sie aus der Hand der Techniker reißen. Die Technik ist gegenwärtig eine zu ernste Sache, um Technikern überlassen werden zu können. Mit anderen Worten: Der revolutionäre Umbau des gegenwärtigen Schaltplans der technischen Bilder in einen dialogischen, demokratischen setzt voraus, daß diesbezüglich ein allgemeiner Konsensus besteht. Die Leute müssen es wollen.

Eben ein solcher Konsensus ist jedoch nicht in Sicht. Im Gegenteil: Es besteht gegenwärtig ein Konsensus zwischen den Bildern und ihren Bündelausstrahlungen einerseits und den Empfängern der Bilder andererseits. Die Leute wollen von den Bildern zerstreut werden, um sich nicht, wie dies bei einem tatsächlichen Dialog der Fall ist, sammeln und versammeln zu müssen. Sie sind froh, dies nicht mehr tun zu müssen. Früher nämlich, als die Gesellschaft nach zwischenmenschlichen Beziehungen gegliedert war, gab es ein »Außen« und ein »Innen« (Outgroup und Ingroup), es gab ein Öffentliches dort draußen (zum Beispiel außerhalb der Familie) und ein Privates hier drinnen, und man zerstreute sich ins Öffentliche, um sich im Privaten zu sammeln. Hegel nannte dies das »unglückliche Bewußtsein«: Gehe ich hinaus in die Welt, dann verliere ich mich in ihr, und gehe ich in mich, um mich zu sammeln, dann geht mir die Welt verloren. Dieses unglückliche Bewußtsein hat man glücklicherweise nicht mehr nötig. Denn in der zerstreuten Gesellschaft gibt es weder »innen« noch »außen«. Das unglückliche Bewußtsein kommt dort zur Ruhe. Man kann sich dort ruhig zerstreuen, und jeder Dialog ist dort gefährlich, weil er das unglückliche Bewußtsein aus seinem Schlaf wecken könnte. Der Konsensus zwischen Bild und Mensch beruht auf dem Unwillen des Menschen, sich zu sammeln, ebenso wie auf der Absicht der Bilder, die Menschen zu zerstreuen.

Das unglückliche Bewußtsein ist aber die einzige Bewußtseinsform überhaupt, denn das Glück ist bewußtlos. Die Leute wollen sich zerstreuen, um bewußtlos, glücklich zu werden. Die gegenwärtige Streuung der Gesellschaft ist vom allgemeinen Willen zum Glücklichwerden getragen: Wir sind auf dem Weg zur glücklichen Gesellschaft, das Schlaraffenland ist um die Ecke. Jeder ist zugleich Mund, der an den Bildern saugt, und After, der das Gesaugte unverdaut an die Bilder zurückgibt. Die Psychoanalyse bezeichnet dieses Glück als »oral-anale Phase«, die Kulturanalyse nennt dieses Glück »Massenkultur«. Es ist ein Glück, das sowohl intellektuell als auch moralisch und ästhetisch auf dem Niveau der Kinderstube steht. Und die gegenwärtige Streuung der Gesellschaft kann als Tendenz zu eben diesem glücklichen Dämmerzustand angesehen werden.

Die gegenwärtigen Revolutionäre, jene, welche dialogische Fäden quer durch die einschläfernden Diskurse spinnen wollen, lehnen es ab, an diesem allgemeinen Konsensus zum Glück hin teilzunehmen. Sie sind Störenfriede. Sie wollen das dämmernde Bewußtsein wecken, weil sie der Ansicht sind, daß das von den Bildern gespendete Regenwurmglück den Menschen entwürdigt. Das heißt: Die gegenwärtigen Revolutionäre wollen etwas erreichen, das niemand will außer ihnen selbst. Sie engagieren sich gerade gegen den allgemeinen Konsensus zwischen Bildern und Menschen. Und dabei wissen sie, daß sie nichts erreichen können, wenn es die anderen nicht wollen.

Sie wissen, daß es technisch nicht schwierig ist, dialogische Fäden wie Kabel, Fernsehtelefone oder Videokreise zu ziehen, daß aber derartige Schaltungen nur bloße Gadgets, nur Krimskrams bleiben, solange der politische Wille fehlt, sie für einen Umbau der Gesellschaft zu verwenden – wie etwa das gegenwärtige pornografische Geschwätz mit den »Minitels« in Straßburg zeigt. Die gegenwärtigen Revolutionäre wissen daher, daß sie einen neuen Konsensus überhaupt erst einmal herzustellen haben. Nicht also gegen die Bilder sind sie engagiert, sondern gegen den zwischen Bild und Mensch gegenwärtig bestehenden Feedback-Konsensus.

Das ist ein völlig unspektakuläres Engagement, denn wäre es spektakulär (auf Bildern ersichtlich), würde es sich selbst verneinen. Es würde dann lediglich dazu beitragen, die Gesellschaft zu zerstreuen. Die Leute, die gegenwärtig schreien und Alarm schlagen, all die Che Guevaras und Khomeinis, und die als Revolutionäre gelten, sind in Wirklichkeit Entertainers: Sie sind spektakulär, und ihr Spektakel trägt dazu bei, daß uns die Bilder immer besser zerstreuen. Die echten Revolutionäre hingegen erscheinen nicht auf den Bildern. Doch heißt das nicht, daß sie etwa die zerstreute Gesellschaft nicht angehen könnten. Zwar sind sie nicht auf den Bildern, aber sie sind durch sie hindurch ersichtlich; zwar zeigen sie sich nicht auf ihnen, aber sie zeigen sich in der Art, wie sich die Bilder zeigen. Sie manipulieren die Bilder, damit den Leuten zu dämmern beginnt, daß sie sie zu Sprungbrettern in vorher ungekannte zwischenmenschliche Beziehungen umbiegen können. Daß sie sie für Dialoge, für Informationsaustausch und für die Erzeugung neuer Informationen verwenden können. Da die zerstreuenden Bilder die Leute zu langweilen beginnen und ein dialogisches Spiel durch Bilder hindurch mit anderen Menschen spannend und aufregend sein kann, ist es vorstellbar, daß es den Revolutionären gelingt, den Feedback-Verkehr zwischen Bild und Mensch zu brechen und einen neuen dialogischen Konsensus herzustellen.

Das Engagement der gegenwärtigen Revolutionäre ist nicht gegen die Bilder selbst, sondern gegen ihren Schaltplan gerichtet. Es ist ein Engagement am Dialog, an umgeschalteten Bildern. Die gegenwärtigen Revolutionäre sind Einbildner (Fotografen, Filmer, Videoleute,

Computerprogrammierer), und sie sind aus dem Boden der Revolution durch die technischen Bilder gewachsen. Was ihrer Einbildungskraft vorschwebt, ist eine Gesellschaft, in der die Menschen miteinander durch Bilder hindurch dialogisieren, um immer neue Informationen, immer unwahrscheinlichere Situationen herzustellen. Nur dank dieser neuen Einbildungskraft ist eine solche Gesellschaftsform überhaupt denkbar, das heißt: Nicht den Unterbau der sogenannten »Informationsgesellschaft«, sondern ihre Oberfläche wollen sie verändern.

Die eben emportauchende Gesellschaftsstruktur ist die einer Synchronisation von ausgestrahlten Bildern mit an den Terminals dieser Strahlen sitzenden, zerstreuten, einsamen und massifizierten Menschen. Die revolutionäre Einbildungskraft versucht, diese Struktur durch eine andere zu ersetzen. Nämlich so, daß die Bilder neuartigen zwischenmenschlichen Beziehungen dienen und derart zu neuen, vorläufig namenlosen Gesellschaftsgruppen führen. Eine solche Gesellschaftsform wäre noch immer von den technischen Bildern gekennzeichnet, ja, man könnte sie mit noch größerem Recht als die gegenwärtige eine »Bildkultur« nennen. Doch stünde im Kern einer derartigen Gesellschaft nicht mehr der Verkehr zwischen Bild und Mensch, sondern der Verkehr zwischen Mensch und Mensch durch Bilder. Und erst dann würden die »Medien« ihren Namen verdienen, den sie sich gegenwärtig zu unrecht anmaßen. Dann erst nämlich würden sie Menschen mit Menschen verbinden, etwa wie die Nervenstränge die Nervenzellen miteinander verbinden. Und dank dieser Verbindungen würde die Gesellschaft immer neue Informationen erzeugen. Das wäre eine Gesellschaftsstruktur, die wohl am besten ein »kosmisches Hirn« zu nennen sein müßte. Es wäre eine menschenwürdige (humane) Gesellschaft, denn die dem Menschen eigene Würde ist ja, Informationen zu erzeugen, weiterzugeben und zu speichern. Das ist, glaube ich, das Engagement der neuen Revolutionäre.

Es ist ein Engagement gegen die gegenwärtige, von diskursiv geschalteten Bildern beherrschte Gesellschaft. Aber es ist in keiner Weise ein Versuch, die vorangegangene Gesellschaftsform wiederherzustellen. Die gegenwärtige Streuung ist nicht rückgängig zu machen, sondern im Gegenteil zu neuer Sammlung zu bringen. Es war höchste Zeit, daß die hergebrachten, geheiligten Gruppen zerfallen. Es waren unheilvolle, ideologisch unterbaute, Unheil stiftende Gruppen. Da sie nun im Begriff sind, zu Staub zu zerfallen, können sie zu neuartigen Gruppen umgeformt werden. Sie können »informiert« werden. Was zu leisten ist, ist eine Integration der zerstreuten Infinitesimale der Gesellschaft. Diese Formulierungen des gegenwärtigen Engagements wollen zeigen, wie sehr sich die gegenwärtigen Revolutionäre bereits auf dem Boden der einbildenden, Bilder erzeugenden Abstraktion, im nulldimensionalen Universum befinden.

Die technischen Bilder mußten zuerst einmal die alte Gesellschaft zerstreuen, damit eine neue emportauchen möge. Nicht Dekadenz ist die Gegenwart, sondern Emergenz einer neuen Gesellschaftsform. Und diese Emergenz kann tatsächlich bereits jetzt beobachtet werden. Die in Entropie verfallende Bild-Mensch-Relation, diese tödliche Langeweile der Bildprogramme beginnt, einen neuen Konsensus gegen die Massenkultur und zugunsten einer humanen Bildkultur zu gebären. Die gegenwärtige Gesellschaftsstruktur kann, mit einigem Optimismus, als Übergangsstadium zu dieser emportauchenden Kultur angesehen werden.

9. VORSCHREIBEN

So wie die technischen Bilder gegenwärtig geschaltet sind, stehen im Zentrum der Gesellschaft Sender. Orte nämlich, von denen die Bilder ausgestrahlt werden, um die Gesellschaft zu streuen und zu zerstreuen. Es sind schlüpfrige Orte. Wenn man sich ihnen nähert, sei es, um dort Platz zu nehmen (um mitzusenden), sei es, um sie zu kritisieren (um den Schaltplan umzubauen), erweisen sie sich als Illusionen. Es steht um sie wie um die berüchtigte Zwiebel: man kann sie zwar Haut um Haut enthüllen, aber hat man sie völlig auseinandergefaltet, expliziert, bleibt nichts in Händen. Es stellt sich heraus, daß im Zentrum der gegenwärtigen Gesellschaft niemand und nichts steht: Die Sender sind nichts als jene nulldimensionalen Punkte, von denen die Strahlenbündel der Medien ausgehen.

Das ist eine für die Kulturkritik unangenehme Entdeckung. Wenn man die Kultur kritisiert, um sie zu ändern, will man doch etwas Handfestes (zum Beispiel dunkle Hintermänner oder graue Eminenzen mit zu entblößenden bösen Absichten) bekämpfen. Beginnt man jedoch, in der gegenwärtigen Gesellschaft zu entblößen, dann stellt man fest, daß es niemanden und nichts gibt, wogegen man kämpfen könnte. Nicht so sehr gegen Windmühlen wie gegen Kafkas Schloß kämpft man. Man hat nämlich nicht ein Etwas, sondern ein Wie zu bekämpfen. Nicht Menschen und Dinge, sondern Sachverhalte. Nicht Bilder und dahinter verborgene menschliche Interessen, sondern einen Schaltplan. Es ist darum nicht zu verwundern, daß viele Kulturkritiker vor dieser neuartigen Herausforderung ausweichen wollen und aller Evidenz zum Trotz doch in den Sendern nach Manipulatoren und Machthabern suchen.

Also tauchen sie in die Sender. Das sind nämlich wattige, weiche Orte, Orte der Software, in die es möglich ist zu tauchen. Was sie dort finden, sind immer zahlreicher werdende, immer kleiner werdende, immer automatischer werdende, immer schneller funktionierende Apparate und Funktionäre, die vor diesen Apparaten sitzen. Es geht dort ein Tastendrücken vor sich, ein immer leiser werdendes Rauschen. Und die Kritiker stellen fest, daß auf jeden Tastendruck ein Auftrag an ein Medium erfolgt, ein Bild auszustrahlen. Sie haben daher den Eindruck, zu den Zentren der gegenwärtigen Entscheidungen vorgestoßen zu sein. Und dies in einem doppelten Sinn von »entscheiden«. Erstens scheinen die Sender die Gesellschaft zu unterwerfen, indem sie einen ständig größer werdenden Teil der Gesellschaft an sich heranziehen, um ihn in Funktionäre zu verwandeln. Und zweitens scheinen sie durch Tastendruck Entscheidungen zu treffen, welche der Gesellschaft vorschreiben, was sie zu leiden und was sie zu tun hat. Dieser Eindruck ist irrig, weil, wie in einem späteren Kapitel zu zeigen ist, der Begriff »Entscheidung« in der gegenwärtigen Lage umgedacht zu werden erfordert.

Es ist zwar wahr, daß eine immer größere Zahl von Menschen für die Sender, für Apparate, für »Dienstleistungen« funktioniert. Arbeit im hergebrachten Sinn, das heißt jene Geste, welche die Form des Umstands verändert, kann immer wirksamer und in immer zahlreicheren Arbeitsgebieten auf automatische Apparate abgewälzt werden. Es ist also wahr, daß bereits jetzt die meisten Menschen, und in voraussehbarer Zukunft überhaupt alle, die Arbeit los werden, arbeitslos werden. Sie sind also »frei«, auf Tasten zu drücken, und sei es nur, um die Automaten zum Arbeiten zu programmieren – und überhaupt in den Dienst der Sender (in den sogenannten »tertiären Sektor«) zu treten.

Aber das bedeutet nicht, wie manche Kulturkritiker annehmen, daß wir jetzt statt Bauern, Proletariern und Bürgern eine neue Klasse, nämlich die der Funktionäre, vor uns hätten und daher ungefähr mit den gleichen Kriterien wie vorher operieren könnten. Die Funktionäre sind keine Gesellschaftsklasse. Was eine Klasse charakterisiert, ist eine aus ihren Arbeitserfahrungen, -erkenntnissen und -werten sprießende Ideologie, ein »Klassenbewußtsein«. Klasse ist eine Lebensweise. Aber Funktionieren ist keine Lebensweise, und es gibt daher keine funktionalistische Ideologie, kein funktionalistisches Klassenbewußtsein. Denn das Funktionieren füllt nur einen immer weiter schrumpfenden Teil der Lebenszeit aus, und die Erlebnisse, Erkenntnisse und Werte der Funktionäre kommen nicht aus diesem

Teil her, sondern aus den in der »Muße« ersehenen Bildern. Nicht daß wir zu Funktionären für Sender werden, ist das für die gegenwärtige Gesellschaft entscheidende, sondern daß wir Empfänger werden. Unsere Lebensweise, unsere Ideologie ist nicht die von Funktionären, sondern die von Empfängern. Die Sender beherrschen uns nicht, weil wir ihnen dienen, sondern weil sie uns bedienen.

Ebenso wahr ist es zwar, daß auf jeden Tastendruck Imperative an die Medien folgen und durch die Medien an die Gesellschaft gelangen. Aber es ist ein Irrtum, in diesem Drücken eine Geste des Entscheidens sehen zu wollen. Die tastendrückenden Funktionäre (Stenotypisten, Fotografen, Bankdirektoren, Generäle, Präsidenten der Vereinigten Staaten, kurz: komputierende Operatoren) wählen zwar zwischen den ihnen verfügbaren Tasten, aber diese Wahl ist ihnen vorgeschrieben. Und zwar nicht von irgend jemand oder irgend etwas, sondern von der sich automatisch selbstfütternden Struktur des Sendeprogramms her. Zum Beispiel: Der amerikanische Präsident drückt programmgemäß auf eine Taste, ein Videobild erscheint programmgemäß auf seinem Terminal, dieses Bild zeigt russische Missiles über Alaska, und er drückt darauf programmgemäß auf eine andere Taste, und programmgemäß zerfallen Städte in Asche.

Selbstredend haben nicht alle Tastendrücke gleichwertige Folgen und können daher hierarchisch geordnet werden. In einer derartigen Hierarchie stünde der amerikanische Präsident über dem Bankdirektor, weil sein Tastendruck Städte in Asche verwandelt, während der Druck des Bankdirektors nur Industrien in den Konkurs treibt. Und der Bankdirektor stünde über dem Fernsehoperator, weil dessen Tastendruck nur Bilder auf Terminals hervorruft. Aber eine solche Hierarchie ist nicht aufrechtzuerhalten. Denn der städtezerstörende Tastendruck des Präsidenten erfolgt aufgrund des Tastendrucks des Videooperators. Und wenn auch dieser wieder aufgrund eines Tastendrucks des russischen Generalsekretärs erfolgen mag, so ist der Druck des Generalsekretärs seinerseits von Tastendrücken vom Typ Videooperator ausgelöst worden. Es ist daher ein Irrtum, in den Funktionären, so »hoch« sie auch gestellt sein mögen, Machthaber, Entscheidungszentren sehen zu wollen oder hinter ihnen noch »höhergestellte«, aber verborgene Entscheidungszentren zu vermuten. Die Sache geht automatisch vor sich. Angesichts der automatischen Sender gibt es keine Elite, die wir etwa wählen oder absetzen könnten.

Allerdings neigen die Funktionäre selbst, wenn befragt (oder auch unbefragt), dazu, diese Sachlage zu leugnen. Unlängst zum Beispiel sagte der französische Präsident im Fernsehen, daß die »Force de frappe« nur ein träges Werkzeug sei, über welches er frei entscheide. Diese Illusion des Präsidenten, sich für Louis XIV zu halten (»l'Etat, c'est moi«), wäre rührend, wenn sie nicht so verhängnisvoll für ein Verständnis der gegenwärtigen Lage wäre. Denn wir neigen selbstredend unsererseits dazu, den Funktionären Glauben zu schenken. Wenn sie behaupten, die Apparate zu kontrollieren, müssen sie doch wohl wissen, was sie da sagen? Leider wissen sie nicht, was sie sagen. Sie sind von der trägen, automatischen Strömung der Apparate mitgerissen. Sie sind apparatblind. Deshalb müssen wir Generalisten befragen, Leute, die die Apparatsituation überblicken, wenn wir sie einsehen wollen. Und diese Einsicht belehrt uns, daß es gleichgültig ist, ob der französische Präsident Mitterrand, Giscard oder Dupont heißt. Er wird auf den roten Knopf in jenem Augenblick drücken, den ihm das Apparatprogramm vorschreibt.

Es stellt sich also als ein Irrtum heraus, wenn manche Kulturkritiker noch immer zu glauben versuchen, daß es möglich ist, irgend jemanden oder irgend etwas aus den gegenwärtigen Gesellschaftszentren herauszuschälen, das der Gesellschaft vorschreibt, sich so und nicht anders zu verhalten.

Die Gesellschaftszentren, die Sender, sind Wattebäusche, in welchen Apparate und Funktionäre laut Vorschrift Vorschriften kalkulieren und komputieren. Diese peinliche, aber unumgängliche Feststellung verpflichtet uns, zwei Fragen zu stellen. Nämlich: Wie ist es dazu gekommen? Und: Was läßt sich dagegen unternehmen? Beide Fragen sind in den vorangegangenen Kapiteln bereits impliziert und sollen hier ausgeführt werden.

Als um die Mitte des 19. Jahrhunderts die Leitfäden, welche bisher die Welt linear ordneten und das Denken linear strukturierten, zu zerfallen begannen, entstand das Problem, wie die nun auseinanderkollernden Punktelemente zu integrieren seien. Dieses Problem hatte man bereits im 17. Jahrhundert halbwegs befriedigend auf dem Gebiet des mathematischen Denkens gelöst: Newton und Leibniz hatten den Kalkül erfunden. Und man begann, diese Methode nun auf das physikalische Universum einerseits und auf die Logik andererseits anzuwenden. Jetzt mußten auch Apparate erzeugt werden, welche nach dieser Methode in die Praxis eingreifen sollten: zuerst Apparate, deren Aufgabe es war, Punktelemente der Welt zu integrieren, und der Fotoapparat war der erste dieser Apparate; und später Apparate, deren Aufgabe es war, Punktelemente des Denkens zu integrieren, und dies führte zum Computer. Solche Apparate bewegen sich, im Unterschied zu den vorangegangenen Maschinen, nicht in einem prozessuellen Kontinuum, sondern in einem demokritischen Punktuniversum, das sie zu raffen haben.

Sobald man begann, derartige Apparate herzustellen, machte man eine geradezu umstürzlerische Entdeckung: daß sich nämlich die »Atome« durch Zufall »von selbst« miteinander verbinden und auf lange Sicht überhaupt alle solche Verbindungen »von selbst« entstehen müssen. Diese Entdeckung war umstürzlerisch, weil sie zur Automation führte. Liest man allerdings Demokrit im Lichte der neuen Entdeckung, dann stellt man überrascht fest, daß bei ihm die Automation schon im Keim angelegt ist. Man kann nämlich seinen Begriff des »Klinamen« (das zufällige Abweichen eines Partikels von seiner vorgeschriebenen Bahn) als eine Voraussicht der Apparatautomation lesen. Es stellte sich nun heraus, daß ein Raffen der Punktelemente nicht nötig ist: Sie tun es von selbst. Was nötig ist, sind zwei andere Voraussetzungen. Erstens mußte man wissen, welche unter den möglichen Verbindungen man herstellen wollte. Zwar sind theoretisch alle diese Verbindungen voraussehbar, aber die einen sind wahrscheinlicher als die anderen. Was man herstellen wollte, waren die unwahrscheinlichen Verbindungen (die »informativen«), und die entstehen durch blinden Zufall erst nach sehr langwierigen, astronomisch langwierigen Komputationen. Also mußte man zweitens das Spiel des blinden Zufalls beschleunigen, um die gewünschten Verbindungen innerhalb menschlicher Zeitdimensionen herzustellen. Das also ist Automation: einen Apparat bauen, der die Aufeinanderfolge von Zufällen beschleunigt, und ihm vorschreiben (ihn »programmieren«), beim gewünschten Zufall zu stoppen.

Betrachtet man dies näher, dann wird klar, wie umstürzlerisch die Automation ist. Denn von nun an besteht die menschliche Freiheit nicht mehr darin, die Welt nach eigener Absicht umzuformen (das tun die Apparate besser), sondern dem Apparat die beabsichtigte Form vorzuschreiben (ihn zu programmieren) und ihn nach Herstellung dieser Form zu stoppen (ihn zu kontrollieren). Eine neue Freiheit taucht hier empor, und ihr sollen die Apparate dienen. Doch leider stellt sich sehr bald das Gegenteil heraus: Die Apparate werden immer schneller und entschlüpfen der Kontrolle. Die Zahl der automatisch hergestellten Zufälle und ihre sich überstürzende Aufeinanderfolge übersteigen die menschliche Fähigkeit, sie zu überblicken. Dadurch verliert sich die Möglichkeit, den Apparat beim gewünschten Zufall zu stoppen. Das Programm wird unabhängig von menschlicher Absicht, es wird »autonom« und rollt weiter, bis sich alle Zufälle verwirklicht haben, auch jene, die der Mensch ursprünglich gerade verhüten wollte. Beispiele für eine solche Autonomie der Programme sind überall ersichtlich – nicht nur bei den militärischen, auch bei den politischen, industriellen, kulturellen und Verwaltungsapparaten. Die ursprüngliche Absicht, mit welcher die Apparate hergestellt wurden, nämlich einer neuen Freiheit zu dienen, hat sich umgebogen. Dazu kommt, daß die meisten Apparate vorläufig nicht so weit automatisiert sind, um auf menschliche Intervention verzichten zu können. Sie benötigen Funktionäre. Dadurch kehrt sich das ursprüngliche Verhältnis »Mensch/Apparat« um, und der Mensch funktioniert in Funktion der Apparate. Er schreibt den Apparaten vor, was ihm die Apparate vorgeschrieben haben. So entsteht eine gewaltige Flut von Programmen, von Software, bei welchen der Mensch nicht mehr irgendeine Absicht verfolgt, sondern in Funktion von vorangegangenen Programmen vorschreibt. Diese immer komplexer und raffinierter werdenden Programme verlangen ihrerseits nach immer schnelleren, kleineren und billigeren Apparaten, nach immer geschmeidiger werdender Hardware. So entsteht eine Generation von Apparaten nach der anderen, und bei jeder neuen Generation tritt die menschliche Absicht weiter zurück in den Hintergrund, jene Absicht nämlich, die die erste Generation der Apparate hergestellt hatte.

Vorläufig hat sich, aus der gegenwärtigen Generation der Apparate, diese ursprüngliche menschliche Absicht noch nicht völlig verflüchtigt. Das sieht man daran, daß nicht alle Apparate dem gleichen Programm gehorchen. Die Verschiedenheit der Programme ist ein letztes Echo der ursprünglichen Absicht. Zum Beispiel sieht es so aus, als ob über unsere Köpfe hinweg zwei riesige Apparate, der amerikanische und der sowjetische, miteinander kämpfen würden, und der Unterschied zwischen ihnen auf eine ursprüngliche menschliche Absicht zurückzuführen wäre. Aber eine solche polytheistische Sicht der Lage (Zeus kämpft gegen Pluto, und wir haben zwischen beiden zu wählen, obwohl wir ihnen ausgeliefert sind) ist nicht am Platze. Zwar wurden diese beiden Apparate ursprünglich von Menschen programmiert, aber sie sind weitgehend autonom geworden. Sie sind keine Götter oder Übermenschen, sondern untermenschlich sture Automaten. Sie rollen blindlings und gehorchen dabei einem beschleunigten Zufall. Sie können einander (und damit die von ihnen gefütterte Menschheit) zufällig vernichten, aber das ist nur einer unter den möglichen Zufällen, die in ihren Programmen stehen. Wahrscheinlicher ist ein anderer Zufall: So wie die beiden Apparate rollen, greifen sie ineinander, verzahnen sich und führen zu einer zufälligen, völligen Synchronisation ihrer beiden Programme, zu einem kosmischen Apparat-Totalitarismus. Und es gibt zwischen diesen beiden Zufällen noch andere mögliche, und sie sind alle theoretisch kalkulierbar, »futurisierbar«.

Daß eine völlige Synchronisation der beiden (und überhaupt aller) Programme die wahrscheinlichste Alternative ist, kann man bereits allerorts ersehen. Man kann die Tendenz zu einer kosmischen Vereinheitlichung und Gleichschaltung aller Programme, zu einem »kosmischen Metaprogramm« zum Beispiel in der überall auf der Welt sich gleich gestaltenden Massenkultur beobachten. Die Kleidung, der Tanz, die Musik und vor allem die Bilder sehen in Amerika kaum anders aus als in Rußland, in Brasilien oder auf den Philippinen, und das allen Unterschieden zum Trotz, die in den dort funktionierenden Apparaten noch festgestellt werden können. Das kosmische Metaprogramm ist daran, sich automatisch aus den gegenwärtigen Programmen zu komputieren und zu synthetisieren.

Vorläufig sind die einzelnen Sender noch nicht völlig aufeinander geeicht, sondern sie strahlen Bündel aus, die sich zum Teil überkreuzen. Um diese Sendepunkte herum sitzen Funktionäre und drücken auf Tasten von Apparaten, vor allem solchen, welche Bilder komputieren. Denn diese Bilder sind die Verhaltens-, Erkenntnis- und Erlebnismodelle für alles andere Funktionieren. Die Funktionäre schreiben den Bildern vor, was sie dem Empfänger vorzuschreiben haben. Die Apparate schreiben den Funktionären vor, wie sie die Bilder vorzuschreiben haben. Und andere Apparate schreiben diesen Apparaten vor, was sie den Funktionären vorzuschreiben haben. Durch all diese scheinbare und sich selbst verschlingende Hierarchie von Vorschriften hindurch ist die allgemeine entropische Tendenz zu einem kosmischen Metaprogramm ersichtlich, und niemand und nichts außer dieser sturen Eigendynamik steht »dahinter«.

Diese sture Eigendynamik, diese Tendenz zur Entropie ist, was wahrscheinlich geschehen wird: kosmischer Apparat-Totalitarismus. Aber der Mensch ist ein gegen die Entropie engagiertes Wesen. Deshalb eben hat er die Apparate ursprünglich hergestellt: um unwahrscheinliche Situationen zu erzeugen. Er hat nun die Kontrolle über die Apparate verloren, und diese stellen nun automatisch das Wahrscheinliche her. Die Frage ist demnach: Kann er diese Kontrolle wiedergewinnen und so das Gegenteil vom Wahrscheinlichen, das Gegenteil vom Apparat-Totalitarismus erreichen? Wie dieses Kapitel zu zeigen versuchte, hat der Mensch als Einzelwesen, als einsamer und zerstreuter Funktionär und Empfänger die Kontrolle über die Apparate definitiv verloren. Die Kompetenz der Apparate, ihre Schnelligkeit des Komputierens und ihre Speicherfähigkeit, ihr »Gedächtnis«, sind größer als die Kompetenz des menschlichen Gehirns. Hingegen ist die Kompetenz der Gesellschaft als Ganzes, als ein kollektives

Gehirn gesehen, mit aller Wahrscheinlichkeit noch immer größer als die Kompetenz aller Apparate zusammen. Die Apparate sind zwar außerordentlich schnelle und nichts vergessende Idioten, aber noch immer Idioten. Daher können zwar nicht die einzelnen Empfänger und Funktionäre, aber die Gesellschaft als Ganzes die Kontrolle über die Apparate übernehmen. Das ist das Engagement der »unspektakulären neuen Revolutionäre«.

Die Gesellschaft als Ganzes soll die Apparate als Ganzes programmieren, sie automatisch unwahrscheinliche Situationen herstellen lassen und sie bei den gewünschten Situationen stoppen. Um dies tun zu können, muß die Gesellschaft den Schaltplan der Sender umbauen, um nicht mehr zu funktionieren und zu empfangen, sondern um statt dessen die Sendungen zu programmieren und immer neu umzuprogrammieren. Technisch ist dieser Umbau möglich, und zwar mittels der Telematik. Sie erlaubt einen allgemeinen, weltweiten Dialog »über« die Apparate. Sie erlaubt, kybernetisch einen allgemeinen Konsensus betreffs Programmierung von Apparaten herzustellen. Die Apparate lassen sich technisch so umbiegen, daß sie der Gesellschaft dienen. Sie lassen sich technisch zu einer »demokratischen Funktion« umformen. Aber der Umbau des Schaltplans der Sender ist nicht nur eine technische, sondern eine politische Frage. Es muß zuerst ein Konsensus entstehen, die Sender umzubiegen, damit sie einem künftigen Konsensus dienen. Diesen Konsensus für einen Konsensus herzustellen, ist das Engagement der neuen Einbildner, all der Fotografen, Filmleute, Videoleute, Computerleute. Sie wollen durch Umbiegen der Bildfunktionen die Gesellschaft zu einem allgemeinen Umbiegen aller Sendungen überhaupt bringen. Damit wäre der kosmische Apparat-Totalitarismus verhütet, und das Vorschreiben würde von der Gesellschaft dialogisch gegen die Apparate gerichtet. Nicht also: »programmierte Demokratie«, sondern »demokratisches Programmieren«. Nur müßte dies ziemlich schnell geschehen, sonst werden die Apparate als Ganzes auch die Kompetenz der Gesellschaft als Ganzes übersteigen.

10. BESPRECHEN

Die Technik, welche erlaubt, den gegenwärtigen diskursiven Schaltplan der technischen Bilder in einen dialogischen umzubauen, heißt Telematik. Dieser Name ist ein junger Neologismus, der aus der Verschmelzung von »Telekommunikation« und »Informatik« entstanden ist. Aber das Prinzip, das der neue Name bezeichnet, ist weit älter, nämlich genauso alt wie die Technik des Kalkulierens und Komputierens von Punktelementen, also ein Produkt der ersten Hälfte des 19. Jahrhunderts. Und doch ist die Tatsache, daß der Name neu ist, von Bedeutung für das Verständnis der gegenwärtigen Lage. Denn es zeigt sich darin, daß man sich erst seit wenigen Jahren des Prinzips des Kalkulierens und Komputierens bewußt ist. Daß man erst seit wenigen Jahren erkennt, daß es bei der Kommunikation durch Ausstrahlung von Punktelementen (Telekommunikation) um das gleiche Prinzip geht, das auch bei der Raffung von Punktelementen zu neuer Information (bei der Erzeugung von technischen Bildern) im Spiel ist. Und erst seit man dies erkannt hat, können die technischen Bilder überhaupt beginnen, die ihnen innewohnenden Charakteristika tatsächlich zu entfalten. Wir stehen erst seit wenigen Jahren in der selbstbewußten Revolution der technischen Bilder.

Rückblickend ist dieses späte Bewußtwerden überraschend. Es ist überraschend, daß die Erfinder der ersten Apparate, nämlich des Foto- und des Telegrafenapparats nicht erkannt haben, daß beide nach dem gleichen Prinzip gebaut sind und daher gekoppelt werden können. Beide, der Foto- und der Telegrafenapparat, beruhen auf einer Programmierung von Punktelementen, die sie zu Symbolen verschlüsseln (der Fotoapparat zu zweidimensionalen Einbildungscodes, der Telegraf zu linearen vom Typ Morse). Daher werfen beide Apparate die historischen Kategorien des sich in der Zeit entfaltenden Raums über den Haufen, und damit auch die Struktur der geschichtlichen Gesellschaft von räumlich und zeitlich voneinander getrennten Gruppen. Beide, Foto- und Telegrafie stellen neue Gesellschaftsstrukturen her, dank denen alle Menschen überall zugleich sind. Dank der

Fotografie bleibt alles in einem unvergänglichen und unendlich vervielfältigbaren Gedächtnis, das allen überall zugänglich ist und damit gegenwärtig wird und bleibt. Dank dem Telegrafen sind alle Informationen überall und zugleich verfügbar. Und doch ist es den Leuten damals nicht eingefallen, daß Fotografien telegrafiert werden können.

Man kann selbstredend diese ursprüngliche Verblendung erklären. Man kann sagen, daß die Fotos grobkörnig, nämlich chemisch waren und daher in die feinkörnige, elektromagnetische Struktur des Telegrafen nicht übertragbar, und daß sie sich erst elektromagnetisieren müssen, um telekommunizierbar zu werden. Aber diese technische Erklärung genügt nicht. Wahrscheinlicher ist, daß man den Telegrafen mit seinem linearen Code als eine neuartige Schrift betrachtet hat und daher nicht einsehen konnte, daß er genau wie die Fotografie aus Punkten aufgebaut ist. So sind aus diesem Mißverständnis zwei voneinander getrennte Entwicklungen entstanden: Aus dem Telegrafen erwuchsen das Telefon und alle übrigen dialogischen Telekommunikationen und aus dem Foto der Film und alle übrigen technischen Bilder. Und erst jetzt beginnt man einzusehen, daß diese beiden Entwicklungen im Grunde miteinander identisch sind und es im Wesen der Sache liegt, das technische Bild mit den Übertragungsmethoden der Telekommunikation zu koppeln. Daß es im Wesen der technischen Bilder ist, dialogisch geschaltet zu werden.

Die Konvergenz von Bildern und Telekommunikationsmethoden ist so neu, daß wir sie noch nicht als ein kulturelles, sondern als ein technisches Phänomen erleben. Daher sprechen wir dabei von Dingen wie Glasfasern, Kabeln, Satelliten, numerischer Übertragung und Computersprachen – als ob nur Techniker darüber sprechen sollten. Doch das ist ein vorübergehender Irrtum. Die Apparate werden immer »verbraucherfreundlicher«, und in absehbarer Zukunft wird jedes Kind mit jedem anderen Kind mittels synthetischer Bilder spielen (dialogisieren), ebenso wie gegenwärtig jedes Kind knipsen kann, ohne eine Ahnung von der Technik der Fotografie zu haben. Die technischen Bilder empfangen, sie synthetisieren und weitergeben wird in Kürze zu einer programmierten Geste des Tastendrückens werden. Es ist daher ein grundlegendes Mißverständnis, bei der Betrachtung der Konvergenz von Bild und Telekommunikation eine technische Vorkenntnis vorauszusetzen. Im Gegenteil: Diese Vorkenntnis muß, falls vorhanden, ausgeklammert werden, will man den kulturellen und existentiellen Impakt der Telematik erfassen.

Eine Betrachtung der telematischen Gadgets, so wie sie gegenwärtig gebaut werden – zum Beispiel der jüngst in Paris organisierten Ausstellung »Electra« –, zeigt dies deutlich. Man sieht dort Leute, die Bilder mittels Computern synthetisieren, diese Bilder in Gedächtnissen speichern und sie dialogisch an andere weitergeben. Was dabei herauskommt, ist ein Programm-Permutationsspiel, also leeres Gerede. Man sieht eine Form von Zerstreuung auf dem geistigen, politischen und ästhetischen Niveau der Kinderstube. Die Leute drücken dort auf ihre dialogischen Tasten laut einem Programm, das ihnen von Sendern vorgeschrieben wurde. Zwar behaupten die Organisatoren der Ausstellung (die Sender), daß die Ausstellung bezwecke, die Leute in die Technik der Telematik einzuführen. Es sei eine Art Volksschule für Telematik, und daher sei das niedrige Niveau in Kauf zu nehmen. Tatsächlich aber geht es hier (und bei beinahe allen gegenwärtigen telematischen Gadgets) um eine Strategie der Sender, die dialogische Funktion der technischen Bilder den imperativen Diskursen der Sender unterzuordnen. Die dialogischen Netze sollen die diskursiven Strahlenbündel stützen. Es ist dies eine automatische Strategie: Die Sender funktionieren derart, daß alle dialogischen Fäden »von selbst« so laufen, daß sie die ausgestrahlten diskursiven Bündel festigen und verstärken.

Daher ist es schwierig, die revolutionäre Virtualität der Telematik zu erkennen: daß sie nämlich erlaubt, die diskursiven Strahlenbündel zu zerreißen. Man sieht nicht sofort ein, wenn man die telematischen Gadgets betrachtet, was alles in ihnen schlummert. Zum Beispiel: daß die diskursiven Zeitungen, die uns ins Haus geliefert werden, von Videoplatten ersetzt werden können, auf die wir dialogisch antworten. Oder daß wir, statt Briefe zu schreiben, unsere Erlebnisse, Gedanken und Gefühle mit anderen in Bildform werden austauschen können. Oder daß wir, statt in die Stadt zu gehen, unsere Einkäufe,

Operationen mit Ämtern und politische Aktionen wie Wahlen am Terminal zu Hause erledigen können. Kurz, was man nicht sofort einsieht, ist die Tatsache, daß die Telematik bereits in ihrer gegenwärtigen Form technisch erlaubt, solche Dinge wie Zeitungen, Bücher, Briefe, Geschäfte, Ämter, Fabriken, Theater, Kinos, Konzertsäle, Ausstellungen, aber auch solche Dinge wie die Post, das Radio, Fernsehen oder Geld überflüssig machen. Mit anderen Worten: Man sieht nicht sofort ein, daß die Telematik in ihrer gegenwärtig technisch noch unterentwickelten Form bereits erlaubt, alle gegenwärtigen diskursiven, aber auch dialogischen Gesellschaftsstrukturen über den Haufen zu werfen.

Wahrscheinlich hat es nie zuvor eine derartige Unfähigkeit gegeben, die unmittelbar heranrückende Zukunft vorauszusehen. Jede Revolution zwar paralysiert die Betroffenen und schlägt sie mit Blindheit. Zum Beispiel die Aristokratie angesichts der französischen Revolution oder die Juden angesichts des Nazismus. Aber die telematische Revolution betrifft nicht einen Teil, sondern die ganze Gesellschaft. Also sehen auch jene sie nicht voraus, die sie in Gang gebracht haben. Nicht also aus Angst schließen wir die Augen vor der heranrückenden Zukunft, sondern weil wir dem Endsieg der uns überflutenden und jetzt zum Teil von uns selbst hergestellten Bilder nicht ins Gesicht sehen können. Dieser Endsieg erfüllt uns nicht mit Angst, sondern er erweckt in uns im Gegenteil ein Gefühl der Leere. Zwar sind wir selbstredend froh darüber, daß Dinge wie Arbeit, Politik, Kunst (kurz: Geschichte im hergebrachten Sinn) keine Zukunft haben. Wir sind froh, all diese uns bedingenden Dinge loszuwerden. Aber was wird denn dann übrig bleiben? Alle Menschen aus aller Welt werden für uns augenblicklich erreichbar werden, wir werden mit einem Partner in den Antipoden Schach spielen und um einen elektronischen runden Tisch mit unseren geografisch zerstreuten Freunden einen lustigen Abend verbringen können. Nur: Worüber werden wir dann mit all diesen Leuten reden? Wo wir doch alle über die gleichen, zentral programmierten Informationen verfügen? Wo wir doch alle von den gleichen zentralen Gedächtnissen gefüttert werden? Und wo wir derartig gleichgeschaltet sein werden, daß selbst dann, wenn unsere

Interessen gegeneinanderzustoßen scheinen, dieser Zusammenstoß vom zentralen Gedächtnis aus in uns hineingefüttert wurde. Selbst unsere Polemik ist leeres Gerede. (Wie übrigens in Scheindialogen wie Parlamentsdebatten oder den sogenannten Gesprächen zwischen Unternehmern und Gewerkschaften zu ersehen.) Die von der Telematik gezogenen dialogischen Fäden werden nicht Gespräche, sondern leeres Gerede übertragen. Und je mehr sie uns zu versammeln scheinen, desto mehr werden sie uns zu vereinsamten Einzelmenschen zerstreuen, die einander nichts zu sagen haben. Sie werden die uns noch verbliebenen zwischenmenschlichen Beziehungen (wie Liebe und Freundschaft, aber auch Haß und Feindschaft) in leeres Gerede zerkörnern. Und obwohl diese Fäden dialogisch zu sein scheinen, werden sie tatsächlich alle Dialoge überflüssig, redundant machen. Daher das Gefühl der Leere.

Bevor ich zum Versuch schreite, zu zeigen, daß dieses Augenschließen vor der telematischen Revolution verfehlt ist und daß sich in ihr auch Möglichkeiten für tatsächliche Dialoge von zuvor ungeahntem Reichtum verbergen, muß ich das Verhältnis zwischen Diskurs und Dialog im allgemeinen erörtern.

Jede Gesellschaftsstruktur kann, vom Standpunkt der Kommunikation her betrachtet, als ein Zusammenspiel von Diskursen und Dialogen angesehen werden. Weil nämlich von einer derartigen Sicht aus die Gesellschaft ein Gewebe ist, welches die Funktion hat, Informationen zu erzeugen und weiterzugeben, damit sie in Gedächtnissen gespeichert werden. Der Diskurs ist die Methode, dank welcher Informationen weitergegeben werden, und der Dialog die Methode, dank welcher Informationen hergestellt werden. Da eine der Absichten dieses Essays eine Untersuchung der dialogischen Anwendung von Bildern ist, werde ich in den folgenden Kapiteln einiges betreffs der dialogischen Informationsproduktion zu sagen haben.

Nach einem solchen kommunikologischen Kriterium kann man Gesellschaften in drei Typen klassifizieren. Der erste Typ ist die »ideale« Gesellschaft. In ihr halten Diskurs und Dialog einander die Waage: Die Dialoge speisen Diskurse, und die Diskurse provozieren

Dialoge. Der zweite Typ ist die dialogische Gesellschaft. Die Aufklärung bietet dafür ein Beispiel. Es gibt dort eine große Zahl von dialogischen Kreisen, welche eine immer wachsende Menge von Informationen herstellen (etwa wissenschaftliche, politische und künstlerische Informationen). Aber da diese elitären Kreise nicht über Kanäle verfügen, welche die Informationen diskursiv weitergeben könnten, droht die Gesellschaft in informierte Elite und uninformierte Masse auseinanderzufallen. Der dritte Typ ist die diskursive Gesellschaft. Das späte Mittelalter bietet dafür ein Beispiel. Die zentral ausgestrahlten Diskurse der Kirche beherrschen die Gesellschaft, und mangels Dialogen drohen die Quellen der Information zu versiegen, und die Gesellschaft droht in Entropie zu verfallen.

Wendet man dieses Modell auf die Gegenwart an, dann wird man an ihr mittelalterlich-katholische Züge erkennen. Auch bei uns dominieren zentral ausgestrahlte Diskurse, und die Gesellschaft droht in Entropie zu verfallen. Und die jetzt technisch möglich gewordenen telematischen Dialoge erscheinen dann als Varianten der mittelalterlichen »Streitgespräche«. Sie drehen sich um die ausgestrahlten Programme. Und falls sie trotzdem zu neuer Information führen sollten, werden sie diesmal automatisch als »Geräusche« ausgeschaltet, während sie damals als Häresien durch Anathema ausgeschaltet wurden. Ein derartiger Vergleich der Gegenwart mit dem katholischen Mittelalter erlaubt aber auch, die Unterschiede zu erkennen. Der entscheidende Unterschied ist der autoritative Charakter der damaligen und der automatische Charakter der gegenwärtigen Diskurse. Die Kirche war kein Apparat, sondern sie hatte einen Autor (Jesus) und Autoritäten (Priester). Und die damaligen Dialoge waren autoritative Gespräche (zwischen Priestern). Gegenwärtig sind es die Apparate, welche die Diskurse automatisch programmieren; die Abwesenheit jedes Autors und jeder Autorität ist kennzeichnend dafür. Und die gegenwärtigen telematischen Dialoge sind autoritätslose, verantwortungslose Gespräche. Damals wurden die etwa in den Dialogen erzeugten unerwarteten Informationen (zum Beispiel im sogenannten Universalienstreit) autoritativ durch Anathema verurteilt. Sie wurden verdrängt, aber sie brodelten irgendwo unter der Oberfläche weiter.

Gegenwärtig jedoch werden die etwa im allgemeinen Gespräch erzeugten unerwarteten Informationen als Geräusche automatisch aus dem dialogischen Gewebe entfernt und in die Sender zurückgefüttert, etwa bei Meinungsumfragen. Sie werden aufgesogen und verstärken dadurch die Tendenz der Sender zur Vermassung und Verkitschung. Im Unterschied zum katholischen Mittelalter rollen gegenwärtig die Diskurse automatisch der Entropie entgegen – und nur in diesem modifizierten Sinn läßt sich sagen, daß wir täglich katholischer werden (»katholisch« = »kata holon« = für alle). Außer selbstredend (und das ist der Punkt, auf den ich jetzt zu sprechen kommen werde), die in der Telematik schlummernden dialogischen Möglichkeiten würden gegen die diskursive Gesellschaftsstruktur statt zu ihrer Unterstützung verwendet.

Die Gadgets der Telematik, all diese Videospiele, Videofilme, Videoplatten und Kassetten funktionieren gegenwärtig tatsächlich als Stützen der sie programmierenden Sender. Daher ist das Gefühl der Leere bei ihnen berechtigt. Aber sie funktionieren so, nicht weil dies ihrer technischen Bauart entspricht, sondern weil ihre Benutzer programmiert sind, sie so und nicht anders zu gebrauchen. Ihrer technischen Bauart würde im Gegenteil ein echt dialogisches Funktionieren entsprechen. Die Benutzer der Gadgets sind programmiert, sich zu zerstreuen. Zerstreuung ist der Konsensus zwischen Bildern und Menschen. Daher benutzen die Leute die telematischen Gadgets, um sich mit ihnen zu zerstreuen. Sie benutzen die Gadgets gegen die ihnen eigene technische Bauart und verwandeln sie erst durch diese falsche Benutzung zu Gadgets. Würden die Leute darauf kommen, was diese telematischen Vorrichtungen zu leisten fähig sind, würden sie zu gewaltigen Instrumenten gegen die diskursive Gesellschaftsstruktur werden. Daß dies noch nicht geschehen ist, läßt sich aus dem allgemeinen Konsensus zugunsten der Zerstreuung und gegen die Sammlung erklären. Die in der vorangegangenen Diskussion erwähnten »unspektakulären Revolutionäre« sind engagiert, die Leute erkennen zu lassen, daß die telematischen Vorrichtungen einem allgemeinen Besprechen der gegenwärtigen Zerstreuung dienen können. Die

»unspektakulären Revolutionäre« setzen darauf, daß die Bauart der telematischen Vorrichtungen den gegenwärtigen Konsensus brechen wird und einen neuen, dialogischen Konsensus aufstellt.

Gehen nämlich die Leute an die Telematik nicht um sich damit zu zerstreuen, sondern um sich ihrer für Gespräche zu bedienen, dann verändern die technischen Bilder plötzlich ihren Charakter. Sie werden dann plötzlich zu Oberflächen, auf denen Informationen hergestellt werden und durch die hindurch die Menschen miteinander dialogisieren. Sie spielen dann plötzlich jene meditative Rolle, die früher lineare Texte bei Korrespondenzen gespielt haben. Es werden »Briefe« aus ihnen. Nur daß Bilder unendlich größere Mengen von Informationen übertragen können als Texte. Denn Flächen bestehen aus unendlich vielen Zeilen. Die »Kunst« des Briefeschreibens ist beinahe verlorengegangen. Die telematisch gehandhabten Bilder können eine noch ungeahnte Kunst emportauchen lassen, einen Bilderdialog nämlich, der unendlich reicher ist, als es die linearen, »historischen« Dialoge je sein konnten.

Eine derart miteinander durch Bilder hindurch dialogisierende Gesellschaft wäre eine Gesellschaft von Künstlern. Sie würde, dialogisch, unvorhergesehene und unvorhersehbare Situationen in Bilder setzen. Es wäre eine Gesellschaft von Spielern, welche Zug um Gegenzug im Wechselspiel immer neue Relationen herstellen würde. Eine Gesellschaft von »Homines ludentes«, in der sich dem menschlichen Dasein ungeahnte Horizonte öffnen. Aber das ist nicht alles. Dank dieses schöpferischen Spiels und Gegenspiels würde ein Konsensus entstehen, welcher der Gesellschaft erlaubte, die Apparate vermittels der Bilder und durch sie hindurch zu programmieren. Die Apparate würden dann dieser allgemeinen menschlichen Absicht dienen, das heißt: den Menschen von der Arbeit emanzipieren und ihn für ein Spiel mit allen anderen Menschen befreien, in welchem immer neue Informationen hergestellt und immer neue Abenteuer erlebt werden können. Ich glaube, das ist die Utopie, an der sich die »unspektakulären Revolutionäre« engagieren.

Betrachtet man nun nach diesem Exkurs in die Möglichkeiten, die in den telematischen Vorrichtungen schlummern, das gegenwärtige dumme Herumspielen mit den telematischen Gadgets, dann erkennt man, worin sich die meisten Kulturkritiker irren. Sie versuchen nämlich, die ausstrahlenden Zentren zu kritisieren, um sie zu ändern oder abzuschaffen. Aber das revolutionäre Engagement hat nicht in den Zentren, sondern in den dummen telematischen Gadgets anzusetzen. Sie heißt es zu ändern, und zwar ihrer eigenen Technik gemäß zu ändern, und falls dies gelingt, fallen die Zentren »von selbst« zusammen. Man hat eben nicht mehr mit historischen, sondern mit kybernetischen Kategorien zu kritisieren.

Ich sagte zu Ende des vorangegangenen Kapitels, daß dieses Umbiegen der technischen Bilder in dialogische Funktionen ziemlich bald zu geschehen hat, weil es sonst zu spät wäre. Die telematischen Vorrichtungen zeigen, daß es sehr bald, vielleicht sogar sofort geschehen kann. Das gegenwärtige dumme Herumspielen an diesen Vorrichtungen zeigt aber eben auch, daß es möglich ist, den gebotenen Zeitpunkt zu verpassen. Denn so wie die telematischen Gadgets jetzt verwendet werden, erzeugen sie ein kosmisches leeres Gerede und Geplapper, eine Flut von banalen technischen Bildern, welche daran sind, alle Lücken zwischen den vereinsamten und zerstreuten tastendrückenden Massenmenschen definitiv zu verkleben. Bald wird es nichts mehr geben, worüber wir miteinander sprechen könnten. Deshalb ist jetzt der Augenblick, dies zu besprechen.

11. SPIELEN

Das zentrale Problem, das es im Hinblick auf eine dialogische Gesellschaft zu besprechen gilt, ist das der Erzeugung von Informationen. Es ist jenes Problem, das in vergangenen Zeiten »Schöpfung« genannt wurde. Wie kommen Informationen, das heißt unvorhergesehene und unwahrscheinliche Situationen zustande? Es sieht so aus, als würden sie plötzlich aus dem Nichts auftauchen, als seien sie Wunder. Daher der Begriff »creatio ex nihilo«. Daher der Glaube an einen Göttlichen Schöpfer. Und daher die Vergötterung des schöpferischen Menschen, vor allem des sogenannten »Künstlers«. Das Problem der Informationserzeugung muß aus diesem mythisierenden Kontext herausgehoben werden, soll man die revolutionären Virtualitäten einer telematisierten Gesellschaft, einer tatsächlichen »Informationsgesellschaft« in den Griff bekommen. Nicht eine Gesellschaft von Göttern, sondern eine von Spielern ist nämlich zu besprechen.

Eine mythisierende Betrachtungsweise des Problems der Informationserzeugung scheint sich uns zwingend aufzudrängen. Betrachtet man nämlich die Welt, so wie sie um uns herumsteht, dann hat man das nicht unterdrückbare Gefühl, vor einem aus Wundern zusammengesetzten Super-Wunder zu stehen. Wie ist die wunderbare Organisation des sich über uns wölbenden gestirnten Himmels entstanden, eine Organisation, deren Komplexität wir immer mehr bewundern, je tiefer wir in sie eindringen? Und je tiefer wir in die Strukturen der Organismen dringen, angefangen mit den Protozoen bis zum menschlichen Gehirn, desto mehr erfaßt uns ein Staunen über die schier unglaubliche Komplexität der unzähligen Faktoren, die hier zusammenspielen. Und was erst ist vom menschlichen Gehirn zu sagen, das wir überhaupt erst beginnen, einzusehen, und das ein derart komplexes Organ auf derart zahlreichen und einander überschneidenden Ebenen ist, daß es geradezu anmaßend zu sein scheint, es erklären, geschweige denn imitieren zu wollen? Angesichts einer derart wunderbaren und aus derartigen Wundern so wunderbar zusammengesetzten Welt kann man zuerst einmal gar nicht umhin, es einem Schöpfer zuzuschreiben. Zwar muß man in dieser Schöpfung einiges feststellen, das einem nicht zusagt (etwa das Leiden und den Tod), aber wer ist man denn, dieses Geschöpf, das man ist, um den Plan des Schöpfers in Frage zu stellen?

All diese gänzlich unwahrscheinlichen Situationen wie Milchstraßen, Protozoen und menschliche Gehirne, all diese Informationen müssen doch nach irgendeiner für uns verhüllten Absicht erzeugt worden sein, um in das allgemeine Gefüge der Welt eingebaut werden zu können? Aber man kann doch fragen: Hätte es nicht zufällig auch zu einer anderen Art von Welt kommen können? Und bei einer solchen impertinenten Frage wird sich unsere Bewunderung für die Welt ins Gegenteil umkehren. Nehmen wir zum Beispiel an, die Welt wäre um ein klein wenig anders, um ein ganz klein wenig. Es gäbe zum Beispiel statt Aluminium ein anderes, aber vergleichbares Element in der obersten Kruste der Erde. In diesem Fall müßten selbstredend die irdischen Organismen ganz anders aussehen, und zwar so anders, daß es wenig Sinn hätte, sie »Leben« zu nennen. Und von Mensch und menschlichen Gehirnen wäre dann selbstverständlich keine Rede. Und doch, »ceteris paribus« müßte, auch in einer solchen Lage, auf sehr lange Sicht zufällig etwas ebenso Komplexes wie Protozoen und menschliche Gehirne entstehen.

Nach dieser entmythisierenden Frage erscheint die Welt nicht mehr als wunderbare Schöpfung, sondern als einer unter sehr zahlreichen, aber nicht unendlich zahlreichen, möglichen Zufallswürfen. Der Göttliche Schöpfer erscheint dann nicht mehr als »nötige« und auch nicht mehr als »unnötige« Hypothese, sondern als eine vom Würfelspiel Welt widerlegte. Denn die unwahrscheinlichen Situationen, die Informationen in der Welt erscheinen dann nicht mehr als absichtlich erzeugt, sondern als zufällig entstanden. Das menschliche Gehirn erscheint dann nicht mehr als einem schöpferischen Plan entsprungen, sondern aus einer zufälligen biologischen Entwicklung hervorgegangen, welche ihrerseits aus zufällig auf der Erde so und nicht anders verlaufenden chemischen Prozessen zufällig hervorkam. Die entmythisierende Frage zeigt, wie Informationen in der Welt und Informationen überhaupt entstehen: durch Synthese vorangegangener Informationen.

Aber sie zeigt noch mehr. Wenn nämlich die Informationen Synthesen von vorangegangenen sind, dann muß es den entgegengesetzten Vorgang, nämlich Analyse von Informationen, Zersetzung, Desinformation geben. Und daß es ihn gibt, ist in der Welt tatsächlich festzustellen, und zwar so offensichtlich festzustellen, daß nur die mythisierende Sicht auf die Schöpfung dies zudecken konnte. Jede Information muß schließlich zerfallen. Jedes menschliche Gehirn muß schließlich in seine Elemente aufgelöst werden. Die Spezies »Homo sapiens«, das Leben auf der Erde, die Erde selbst müssen schließlich in diese allgemeine Tendenz der Welt zur Desinformation hin tauchen und aufgelöst werden (Zweiter Hauptsatz der Thermodynamik). Und dieser Informationszerfall ist grundlegender als die Informationserzeugung, weil nämlich Informationen durch unwahrscheinliche und Informationszerfall durch wahrscheinliche Zufälle entstehen.

Wir stehen, nach Entmythisierung der Informationserzeugung, vor einer neuen Struktur des Universums. Nicht mehr vor einer Schöpfung, welche aus einem ursprünglichen Nichts emportaucht, um sich dann, Schritt für Schritt, linear (in »sechs Tagen«) einem beabsichtigten Ziel zu nähern, vor einem Universum der linearen Geschichte, sondern vor einem sturen Würfelspiel, in welchem sich alle möglichen, auch die unwahrscheinlichsten Zufälle auf lange Sicht verwirklichen müssen, aber wo all diese Würfe letzten Endes in eine wahrscheinliche, desinformierte Situation, in den »Wärmetod« münden müssen. Nicht mehr vor einer Geraden stehen wir, sondern vor aufeinandergesetzten, in sich gebogenen Kreisen, vor sich selbst und gegenseitig auflösenden Epizyklen von Informationen. Es ist in der Welt nicht so sehr von Schöpfung wie von Erschöpfung zu sprechen. Wir stehen vor dem Absurden. Wobei zu bedenken ist, daß die scheinbare Linearität des Zweiten Hauptsatzes der Thermodynamik (alles strömt der Entropie entgegen) tatsächlich nur ein Punkt ist: jener Punkt nämlich, woher die Informationen entstehen, um dorthin zurückzukehren. Die lineare, historische Sicht ist ins absurde Universum nicht hinüberzuretten.

Informationen sind Synthesen vorangegangener Informationen. Das gilt nicht nur für die Informationen in der Welt, sondern auch für jene, die von Menschen hergestellt werden. Menschen sind nicht Schöpfer, sondern Spieler mit vorangegangenen Informationen, nur daß sie, im Unterschied zur Welt, absichtlich spielen, um Informationen herzustellen. Diesen Unterschied, diese Absichtlichkeit merkt man daran, daß die menschlichen Informationen weit schneller als die sogenannten »natürlichen« aus den vorangegangenen synthetisiert werden. Neue architektonische Stile und neue wissenschaftliche Theorien tauchen aus den vorangegangenen weit rascher empor als zum Beispiel Säugetiere aus Reptilien. Und dies deshalb, weil die »Natur« ganz unmethodisch, nach blindem Zufall würfelt, während der Mensch nach der Methode des Dialogs würfelt.

Dialoge sind gelenkte Würfelspiele. Bereits gelagerte Informationen werden dabei auf alle möglichen Weisen kombiniert, um zu neuen Informationen zusammengesetzt zu werden. Beim Wort »Dialog« denkt man zumeist an Würfelspiele, bei denen zwei oder mehrere Gedächtnisse (meist menschliche Gehirne) würfeln, um gegenseitig die in ihnen gelagerten Informationen zu synthetisieren. Aber es kann ebensogut »innere« Dialoge geben, bei denen ein einzelnes Gedächtnis mit den in ihm gelagerten Informationen würfelt. Diese »inneren« Dialoge kennzeichnen, wenn sie zu neuen Informationen führen, was man im allgemeinen Sprachgebrauch einen »schöpferischen Menschen« zu nennen gewohnt ist. Eine telematisierte Gesellschaft würde ein Netz von Dialogen herstellen, das als ein »innerer Dialog« der ganzen Gesellschaft angesehen werden könnte. Die ganze Gesellschaft wäre schöpferisch in jenem Sinn, in welchem wir bisher von »schöpferischen Menschen« sprechen.

Man glaube aber nicht, daß man dem Mythos »Schöpfung« entgangen sei, wenn man sich diese würfelnde Gesellschaft vorstellt. Das Mythische ist jetzt im Begriff »Absicht« verborgen: daß die Gesellschaft absichtlich würfelt, um Informationen herzustellen – das ist jetzt das Geheime. Es ist also geboten, diesem Begriff »Absicht« (und das heißt: der Entscheidung, der Freiheit) die Stirn zu bieten, selbst unter der Gefahr, dabei ins Bodenlose zu fallen. Um diese Gefahr zu mindern, will ich beim Modell des Gehirns bleiben: die telematische Gesellschaft als ein kosmisches Übergehirn. Man beginnt, wie oben gesagt, die ersten Einblicke in die Funktionen des Gehirns zu gewinnen. Was einen dabei beeindruckt, ist die wachsende Schwierigkeit, zwischen erworbenen und ererbten Informationen zu unterscheiden, also zwischen Lamarck und Darwin. Betrachtet man das Gehirn als ein Organ für »Data processing«, dann kann man das Gehirn selbst die Hardware und das Prozessieren der Daten (das, was früher »Geist« genannt wurde) die Software nennen. Und dann kann man zu behaupten versuchen, die Hardware »Gehirn« sei genetisch ererbt, und die Software »Geist« sei zum weitaus größten Teil kulturell erworben. Aber ein solcher Vergleich mit einem Computer ist nicht aufrechtzuerhalten. Denn die Organisation des Gehirns verändert sich unter dem Einfluß der herankommenden Informationen, und bei etwaiger Unterbrechung des Informationszuflusses wird das Gehirn unwiderruflich verkümmern. Dies ist bei total von der Umwelt isolierten Katzen und Ratten festgestellt worden. Daher ist man gezwungen, im menschlichen Gehirn zum großen Teil ein Kulturerzeugnis zu sehen. Andererseits aber läßt sich auch nicht sagen, der »Geist« sei völlig erworben. Zwar verfügt das neugeborene Kind über so gut wie keine mentalen Prozesse, weil kaum Daten vorhanden sind, die prozessiert werden könnten. Aber Anlagen für einige grundlegende künftige Datenprozessierungen sind genetisch im Gehirn vorgesehen. Kurz: Das Gehirn ist zwar ein ererbtes Organ, aber es kann nur in einer kulturellen Situation funktionieren, und der »Geist« ist zwar ein Kulturphänomen, aber er kann nicht ohne Gehirn existieren.

Die Frage nach der »Absicht« (der Entscheidung, der Freiheit), mit welcher Informationen hergestellt (Daten prozessiert) werden, muß im Kontext dieser neuen und noch fragmentarischen Erkenntnisse der Gehirnfunktionen gestellt werden. Es ist aber bereits klar, daß wir mythische Wesenheiten wie »freier Geist« oder »unsterbliche Seele« dabei aufzugeben haben. Die »Absicht« kann nicht aus solchen Fabelwesen sprießen. Vom neugeborenen Kind zu sagen, es sei beseelt oder es besitze einen Geist, ist eine Karikatur der rudimentären mentalen Prozesse, die in seinem Gehirn vor sich gehen. Wenn man ins Gehirn einer Versuchsperson eine Elektrode einführt und in spezifische Gehirnregionen elektrische Impulse sendet, dann wird diese Person, wie vom Experimentator mit Präzision vorausgesehen, die Zahlenreihe aufsagen und dabei behaupten, sich dafür frei entschieden zu haben. Es wird ersichtlich, daß diese Entscheidung das Resultat eines ungemein komplexen Vorgangs ist, bei dem hereinkommende mit bereits gelagerten Informationen komputiert werden, zu einem spezifischen Verhalten führen und die Gehirnstruktur verändern. Und das muß für alles Entscheiden gelten. Die Sache ist etwa so zu schildern: Das sogenannte »Ich« ist ein Knotenpunkt in einem Netz von dialogisch strömenden Informationen und ein Lager für durchgegangene Informationen (und zwar sowohl von ererbten als auch, zum weitaus größeren Teil, von erworbenen Informationen), und an diesem Knotenpunkt entstehen unvorhergesehene, unwahrscheinliche Komputationen, neue Informationen. Diese neuen Informationen werden als beabsichtigt, frei entschieden empfunden, weil jedes »Ich« ein einzigartiger Knotenpunkt ist und sich von allen übrigen Knotenpunkten im Netz durch seine Stellung und die in ihm gelagerten Informationen unterscheidet. Eine derartige Schilderung der »Absicht« drängt sich nicht nur von der Neurophysiologie her auf, sondern sie entspricht auch vielen anderen Einsichten, die wir aus anderen Disziplinen gewinnen.

Betrachtet man nun das »Ich« als einen Knotenpunkt in einem dialogischen Netz, dann kann man nicht umhin, die Gesellschaft als ein aus individuellen Gehirnen zusammengesetztes Übergehirn zu sehen. Und die telematische Gesellschaft würde sich von allen vorangegangenen nur dadurch unterscheiden, daß dort der Zerebralnetzcharakter der Gesellschaft bewußt wird und man somit darangehen kann, diese Netzstruktur bewußt zu manipulieren. Die telematische Gesellschaft wäre die erste, die in der Erzeugung von Informationen die eigentliche Funktion der Gesellschaft erkennen würde und diese Erzeugung daher methodisch vorantreiben könnte: die erste selbstbewußte und daher freie Gesellschaft.

So wie die Bilder gegenwärtig geschaltet sind, ist unsere Gesellschaft ein armseliges Übergehirn, und was dabei herauskommt, ist ein Übergeist, der wenig begeistert. Denn der gegenwärtige Schaltplan nach von Zentren ausgestrahlten Bündeln ist nach einem Gehirnmodell gebaut, das längst überholt ist. Wir wissen heute, daß das Gehirn nicht zentral kontrolliert ist, sondern durch ein Zusammenspiel von zum Teil gegeneinander austauschbaren Gehirnregionen und -funktionen gelenkt wird. Die gegenwärtige Gesellschaftsform verdankt ihr Entstehen einer ungenügenden und zum Teil falschen Erkenntnis des Zerebralnetzcharakters der Gesellschaft. Die Massenkultur, der überhandnehmende Kitsch, der Verfall der Gesellschaft in Langeweile, in Entropie, sind Folgen der falschen Schaltung. Und dadurch wird die eigentliche Funktion der Gesellschaft (des »Geistes«) umgestülpt: Statt Unwahrscheinliches, Abenteuerliches herzustellen, ist die gegenwärtige Gesellschaft daran, die in sie hineingefütterten Informationen zu erschöpfen. Es ist eine dumme Gesellschaft.

Die uns gegenwärtig zur Verfügung stehende tiefere Einsicht in die Gehirnfunktionen und die telematischen Techniken erlauben uns, den Schaltplan umzubauen und aus einer dummen eine »schöpferische« Gesellschaft zu machen. Und zwar aufgrund eines Schaltplans, der dem Zusammenspiel von Funktionen im Gehirn gerecht wird. In einer solchen Gesellschaftsstruktur wird es keine Sendezentren mehr geben, sondern jeder Knotenpunkt des Netzes wird zugleich empfangen und senden. Dadurch werden die Entscheidungen überall im Netz getroffen werden und sich, wie im Gehirn, zu einer Gesamtentscheidung integrieren, zu einem Konsensus. Die Gesellschaft wird ein Mosaik von Absichten sein, die sich zu immer neuer Gesamtabsicht integrieren. Was man in der biologischen Entwicklung den Sprung aus der Individuation in die Sozialisation nennt (zum Beispiel den Sprung vom einzelligen zum mehrzelligen Organismus oder den Sprung vom Einzeltier in die Herde), wäre hier auf der Ebene des »Geistes«, der Absicht, der Entscheidung, der Freiheit geleistet. Das einzelne »Ich« wird darin seine Einzigartigkeit beibehalten (so wie die einzelne Zelle im Organismus und das einzelne Tier in der Herde), aber der Prozeß der Informationserzeugung wird sich auf neuer Ebene abspielen, nämlich auf der Ebene der Gesellschaft.

Die eben geschilderte Sozialisation der Freiheit ist abstoßend, weil sie gegen die jüdisch-christliche Anthropologie und alle daraus folgenden Anthropologien verstößt. Nach diesen Anthropologien gibt es im Menschen einen Kern, den es zu bewahren und zu entfalten gilt. Und dieser Kern ist in Gefahr, bei einer Sozialisation der Entscheidung und Freiheit aufgelöst zu werden. Wir wissen aber gegenwärtig, daß dieser Kern ein Mythos ist und die hergebrachten Anthropologien nicht beibehalten werden können. Und zwar wissen wir dies dank ganz verschiedener, aber konvergierender Disziplinen – der Neurophysiologie, der Tiefenpsychologie, der Informatik und vor allem der phänomenologischen Analyse. Bei »eidetischer Reduktion« erweist sich, daß das »Ich« ein abstrakter Haken ist, auf welchem konkrete Verhältnisse hängen, und daß, wenn man diese Relationen entfernt, sich das »Ich« als ein Nichts herausstellt. Eine Sozialisierung der Freiheit ist eine Betonung der konkreten Relationen, die uns an andere binden, und ist daher nicht eine Auflösung der Identität, sondern im Gegenteil ihre Entfaltung. Wir sind überhaupt erst konkret ein »Ich«, wenn wir mit anderen und für andere da sind. »Ich« ist, zu dem jemand »du« sagt.

Das wichtige bei einer derartigen dialogischen Umschaltung der Gesellschaft, bei diesem »dialogischen Leben« (Buber), ist der Spielcharakter. Die Gesellschaft als dialogisches Zerebralnetz muß als ein Gesellschaftsspiel angesehen werden, und die Informationen, die eine solche Gesellschaft herstellt, als Züge in einer Art Schachspiel. Die »Natur« erzeugt Informationen durch Würfeln, die Gesellschaft erzeugt sie absichtlich, und das heißt: dank einer Spielstrategie, methodisch. Nur ist das Gesellschaftsspiel, im Unterschied zum Schachspiel, ein »offenes Spiel«, das heißt: es kann seine Regeln im Verlauf des Spiels ändern. Ich werde betreffs der die künftige Gesellschaft lenkenden Strategie, betreffs »Kybernetik« und betreffs der Offenheit des Spiels der Informationserzeugung im Verlauf dieses Essays noch einiges zu sagen haben. Hier will ich nur festhalten, was mir scheint, den Faden des Arguments fortführen zu können:

Eine telematische Gesellschaft wäre ein dialogisches Spiel in methodischer Suche nach neuen Informationen. Diese disziplinierte Suche kann »Freiheit« genannt werden und die Richtung der Suche »Absicht«. Die einzelnen Informationen, so wie sie sich im Verlauf des telematischen Spiels ergeben (die einzelnen, immer sich neu gestaltenden technischen Bilder), werden dank der Spielstrategie immer unwahrscheinlicher werden. Es ist daher ein Unsinn, sie voraussehen zu wollen. Was wir vorläufig auf unseren Bildschirmen sehen, ist, so aufregend es in manchen Fällen auch sein mag, nur ein blasser Schimmer dessen, was wir leisten können. So wie das Gehirn nur einen Bruchteil dessen erzeugt, das zu erzeugen es fähig ist, so hat auch die telematische Gesellschaft unvorhersehbare Virtualitäten. Nur wird sich die telematische Gesellschaft schneller als das Gehirn entwickeln. Denn das Gehirn ist als ein Zufallswurf aus dem Würfelspiel der »Natur« entstanden, und die neue Gesellschaft wird als Zug in einem absichtlich gelenkten Gesellschaftsspiel entstehen. Sie wird zwar aus dem aleatorischen Spiel emportauchen, aus welchem die Gehirne kommen, aber in diesen Gehirnen wendet sich das aleatorische in ein strategisches Spiel um. In ein Zufallsspiel, das sich gegen den Zufall wendet. Kurz: In der telematischen Gesellschaft wird sich herausstellen, daß das Gehirn zufällig so gebaut ist, daß es fähig ist, sich gegen den Zufall zu stellen. Zwar hat dies schon immer für den Menschen gegolten: Wir sind zufällig freie Wesen. Aber in der neuen Gesellschaft wird sich diese gegen den Zufall, die Entropie gerichtete menschliche Tendenz zum erstenmal frei entfalten. Der Mensch wird zum erstenmal in der Lage sein, methodisch, nach einer auf Erkenntnis fußenden Technik, und nicht nur empirisch Informationen zu erzeugen. Die Informationen werden sich wie eine sich steigernde Flut gegen die Entropie ergießen. Wenn man den Menschen als negativ entropische Tendenz definiert, dann wird dort der Mensch zum erstenmal tatsächlich Mensch sein, nämlich ein Spieler mit Informationen; und die telematische Gesellschaft, diese »Informationsgesellschaft« im wahren Sinn dieses Wortes, die erste tatsächlich freie Gesellschaft.

12. SCHAFFEN

Wie ich im vorangegangenen Kapitel zu zeigen bemüht war, ist Informationserzeugung ein Zusammensetzspiel mit bereits vorhandenen Informationen. Eine solche Einsicht in den schöpferischen Prozeß vermag zwar die mythische Aura des Schaffens abzuschaffen, nicht aber die eigentümliche Begeisterung, welche das Schaffen begleitet. Im Gegenteil: Es ist gerade diese schöpferische Begeisterung, dieses Aus-sich-Hinausgehen in die zu erzeugende Information, ins Abenteuer, welche die Freiheit ausmacht. Das ist bei den schöpferischen Menschen der Vergangenheit und Gegenwart klar zu erkennen, seien es Wissenschaftler, Techniker, Philosophen, Künstler oder politisch Engagierte. Sie arbeiten mit Selbstvergessenheit aus den in ihnen gelagerten Informationen neue heraus, und sie entwerfen sie dann als »Werke« in die Gesellschaft: sie publizieren. Sie gehen aus sich heraus und ins »Werk« ein. Aber diese Erzeugungsmethode dank »innerem« Dialog ist nicht mehr lange aufrechtzuerhalten. Die meisten Informationen werden bereits jetzt nicht von einzelnen, sondern von dialogischen Gruppen hergestellt, und was das »Werk« betrifft, so stellt diesen Begriff die Multiplizierbarkeit und die Unterlagenlosigkeit, die »Immaterialität« der technischen Bilder in Frage. Wie steht es um die schöpferische Begeisterung bei der Erzeugung zum Beispiel eines Videoclips, an der zahlreiche Menschen beteiligt sind und wo das »Werk«, das Band, nicht nur endlos vervielfältigt werden kann, sondern auch immer wieder verändert. Das ist eine für die telematische Gesellschaft entscheidende Frage. Dort nämlich werden alle Informationen durch intersubjektive Gespräche synthetisiert werden, sie werden endlos vervielfältigbar sein, und sie werden darauf absehen, von ihren Empfängern verändert und als neue Informationen weitergesendet zu werden. Kann es in so einer Lage, ohne Autor und Werk, eine schöpferische Begeisterung geben? Kann es dort jene Selbstvergessenheit und jenes Aufgehen im Werk geben, die die Freiheit bezeugen?

Was hier in Frage steht, ist zuerst einmal die Kopierbarkeit aller erzeugten Informationen. Das lateinische »copia« bedeutet »Überfluß«, und »kopieren« daher »überflüssig machen«. Zu fragen ist, was eigentlich beim Kopieren überflüssig gemacht wird. Die erste Antwort lautet: Da das Kopieren von Apparaten besorgt wird, macht es menschliche Bemühungen, bereits erzeugte Informationen zu wiederholen (abzuschreiben, abzuzeichnen, nachzurechnen), überflüssig. Aber das ist nur die erste und harmlose Antwort. Bei näherem Hinsehen ergibt sich eine zweite und weit gefährlichere: Kopieren macht alle Autorität und alle Autoren überflüssig und stellt daher die schöpferische Begeisterung in Frage. Das ist zum Beispiel im Problem des Autorenrechts (Copyright) angesichts der Kopierbarkeit (Copyshop) zu ersehen. Kopierbarkeit stellt eine existentielle Frage.

Die Worte »Autor« und »Autorität« kommen vom Verbum »augere«, das »zum Wachsen bringen« bedeutet, aber mit »begründen« übersetzt wird. Man hat nämlich dabei die römische Landwirtschaft vor Augen, wo ein Samen in einen Grund gesetzt wird, um zu wachsen. Man ist in einem römischen Mythos, und zwar in diesem: Die Stadt Rom hat einen Begründer (Autor), Romulus, der sie in den Boden gesetzt hat, damit sie Wurzeln schlage und wachse, um zum Weltreich heranzureifen. Aber obwohl Romulus der Autor von Stadt und Welt (urbi et orbi) ist, könnten Stadt und Welt nicht wachsen und würden verkümmern, wenn sie nicht mit ihrem Autor in ständig doppelter Weise verbunden wären. Diese Verbindungen heißen »Autoritäten«. Die eine, die rückverbindende (re-ligiöse) ist die Große Autorität (Magisterium), die andere, die den Autor vorantreibende, ist die kleine Autorität (Ministerium), und gemeinsam bilden sie die Struktur der Gesellschaft.

Dieser lateinische Mythos und die aus ihm folgende autoritäre Gesellschaftsstruktur überträgt sich vom Römischen Reich auf die Kirche und von dort auf beinahe alle modernen Verwaltungsformen. Überall, in der Armee, in Fabriken, in Parteien, in Staaten kann man autoritäre Kanäle erkennen, welche mit Autoren verbinden. Ich schlage nun die Überlegung vor, daß die Kopierbarkeit der technischen Bilder und überhaupt aller Informationen diese Struktur überflüssig macht und alle Autorität und alle Autoren definitiv wegräumt. Das ist die sogenannte »Krise der Autorität«, und das ist die Erklärung für die immer seltener werdenden »großen Männer« (nämlich Autoren).

Die Kopierbarkeit macht alle kleinen Autoritäten (alles, was Botschaften vorantreibt) überflüssig, weil sie erlaubt, jede Botschaft automatisch massenhaft zu vertreiben. Angesichts der Copyshops haben wir keine Minister, keine Verleger, keine »Herausgeber«, kurz keine Administration mehr nötig. Und die Kopierbarkeit macht alle Großen Autoritäten (alles, was Botschaften die Treue hält) überflüssig, denn die Kopien sind automatisch ihrer Botschaft treu und werden ihr bei Fortschritt der Kopiertechnik immer treuer werden. Angesichts der Copyshops haben wir keine Magister, keine Priester (»pontifices« = Brückenbauer), kurz, keine Religion mehr nötig. Oder: Administration und Religion werden durch Kopieren automatisch.

Gegen diese Automation wehren sich die noch verbleibenden Minister und Magister, zum Beispiel Verleger und Fotografen. Die Verleger behaupten, automatisches Kopieren sei »blind« (kriterienlos), und die Kopierapparate müßten von Verlegern kontrolliert werden, um den Informationsschwall zu sieben. Die Fotografen behaupten, automatisches Kopieren sei »untreu«, und nur wenn sie die Kopierapparate selbst kontrollieren (»Autorenbild«), könnte die Kopie die gemeinte Botschaft treu übertragen. Doch kämpfen beide Versuche, die Autorität in die Informationsgesellschaft hinüberzuretten, auf verlorenem Posten. Was das Filtern von Botschaften (die Kritik, die Zensur) betrifft, so werde ich darüber noch sprechen und zu zeigen versuchen, daß dies die Apparate automatisch selbst tun können. Was die Treue betrifft, so ist sie eine technische Frage, und es kann kein Zweifel darüber bestehen, daß die Kopien in naher Zukunft zu »Klons« werden. Aber es gibt noch eine andere die Treue betreffende Sache. In der kommenden Informationsgesellschaft sollen die Botschaften von den Empfängern zu neuen Botschaften synthetisiert werden. Ich bestehe daher trotz dieser Einwände auf meiner Hypothese, daß jede Autorität verschwinden wird, weil sie angesichts der Kopierbarkeit redundant ist.

Vorläufig scheinen die Kopierapparate zum Teil »Originale« zu kopieren (Texte, Fotos, Filme). Und ein »Original« ist eine aus den Mündern von Autoren quillende Botschaft (von »ora« = Münder). Sieht man jedoch näher hin, dann erkennt man, wie das mit diesem »Mund«

(griechisch »mythos« = aus dem Mund quillender Ton) bestellt ist. Die Informationen kommen nämlich nicht von einem mythischen Autor her, sondern aus »äußeren« und »inneren« Dialogen, an denen künstliche Gedächtnisse (Apparate) in immer stärkerem Maße teilnehmen werden. Der Mythos des Autors setzt voraus, daß es bei den entscheidenden Botschaften um »Originale« geht, die von »großen Männern« dank »inneren« Dialogen hergestellt wurden. Der mythische Autor schafft in der Einsamkeit. Selbstredend wird man dabei nicht leugnen wollen, daß auch der »große Mann« in einem Kontext steht, von dem her die ihn speisenden Informationen stammen. Aber man wird behaupten, daß bei der schöpferischen Tätigkeit des Autors etwas ganz Neues hinzukommt, etwas aus dem Nichts emportaucht. Der Mythos des Autors (und des Originals) verzerrt die Tatsache, daß Informationserzeugung ein Dialog ist. Und diese Tatsache ist eben bei kopierbaren Botschaften nicht mehr zu leugnen. Ein Foto zum Beispiel ist das Resultat eines Dialogs zwischen Fotograf und Fotoapparat (und einer ganzen Reihe von weniger offensichtlichen Gesprächspartnern), und es ist ein Unsinn, jeden einzelnen dieser Partner einen »Autor« nennen zu wollen. Alle Autoren, Gründer, Stifter, Mosesse, Founding Fathers und Marxe (inklusive dem Göttlichen Schöpfer) sind angesichts der kybernetischen Verknüpfung der Dialoge und angesichts der Copyshops redundant geworden.

Dem Mythos nach ist jede Gesellschaft das Werk eines in Einsamkeit, »im Eis und Hochgebirge« schwebenden übermenschlichen Helden, des sogenannten »Kulturhelden« nämlich. Romulus als Gründer Roms ist dafür nur eines unter zahllosen Beispielen: Jeder Indianerstamm in Amazonien hat einen derartigen, oft tierförmigen Schöpfer. Darum eben ist jede mythische Gesellschaft einzigartig und unkopierbar. Es wäre ein Unding, eine von einem mythischen Wolf gegründete Gesellschaft auf eine andere, von einem Kondor gegründete, übertragen zu wollen. Jede mythische Gesellschaft ist ein Original und als solches das Zentrum eines einzigartigen Universums. Der Bruch des modernen Denkens mit der kirchlichen Gesellschaftsidee einer von Christus gegründeten Gesellschaftsform äußerst sich in immer neuen Versuchen, Gesellschaftsstrukturen durch Dialoge, durch Konsensus, ohne individuelle Gründer aufzustellen. Aus solchen Versuchen sind kopierbare Gesellschaften (zum Beispiel die westlichen Demokratien oder die sozialistischen Volksdemokratien) entstanden. Wo immer sie kopiert wurden, sind die mythischen Kulturhelden abgesetzt worden. Allerdings waren die Methoden, solche staatsgründenden, »verfassungsgründenden« Dialoge zu führen, bisher stets empirisch gewesen. So daß sozusagen nachträglich einige unter den Wortführern der Dialoge (zum Beispiel eben die Founding Fathers, Robespierre oder Marx) zu Autoren rückmythisiert wurden. Es ging um Autoren zweiten Grades. Gegenwärtig beginnen die kybernetische Theorie und die telematische Praxis solche staatsgründenden Dialoge diszipliniert und systematisch zu strukturieren. Die emportauchende Informationsgesellschaft kann demnach auch keine Autoren zweiten Grades haben. Sie ist kein Original und darum auch automatisch überall und immer kopierbar. Und was für die Staatsgründung gilt, gilt für alle in Zukunft aufzustellenden Informationen. Keine wie immer geartete Schöpfung wird in Zukunft einen Autor, ein sie gründendes Totemtier haben.

Es sieht demnach so aus, als ob es in einer telematisierten, von Kopierbarkeit aller Informationen gekennzeichneten Gesellschaft keinen Raum für schöpferische Begeisterung, für die Freiheit gebe. Wo alle Botschaften »im Auftrag«, nämlich als Antworten auf Herausforderungen hergestellt werden, kann es scheinbar keine »freien Autoren« geben, und wo alle Botschaften dialogisch und zum Teil apparatdialogisch hergestellt werden, kann es scheinbar überhaupt keine Autoren geben. Und folglich auch keine Begeisterung für Informationserzeugung. Doch ist das eine falsche Interpretation der emportauchenden Informationsgesellschaft. Und daß sie falsch ist, wird aus einer Betrachtung der Informationssynthese ersichtlich.

Die uns verfügbaren Informationen haben astronomische Dimensionen angenommen und sind längst nicht mehr in menschlichen Gedächtnissen zu lagern. Zwar können wir unsere Gedächtniskapazität erweitern und immer größere Bruchteile der verfügbaren Informationen darin lagern – der Durchschnittsmensch weiß heute mehr als das

Universalgenie der Renaissance wußte –, doch ist es vernünftiger, die verfügbaren Informationen in künstlichen Gedächtnissen zu lagern. Hinzu kommt, daß das menschliche Gedächtnis zu langsam ist, um eine große Menge von Informationen zu neuen Informationen komputieren zu können. Das »Data processing« ist bei künstlichen schneller. Also sind die »inneren« Dialoge inoperativ geworden. »Große Männer« können nicht mehr funktionieren. Wir haben Autoren nicht nur nicht nötig, sondern sie sind auch nicht mehr möglich.

Statt dessen können wir aber »äußere« Dialoge, intersubjektive Gespräche herstellen, die unverhältnismäßig schöpferischer sind als es die »großen Männer« je sein konnten. Dialoge vom Typ Laboratorium oder Arbeitsteam, bei denen menschliche und künstliche Gedächtnisse gekoppelt sind, um Informationen zu synthetisieren. Bereits jetzt stellen diese Dialoge eine derartige Menge von neuen und zum Teil umstürzlerischen Informationen her, wie es sich die Großen der Vergangenheit nicht haben träumen lassen. Und die telematisierte Gesellschaft wird ein einziger riesiger Dialog dieses Typs sein, ein Dialog, an dem sich theoretisch überhaupt alle Menschen werden beteiligen können.

Ich will die Stimmung, in welcher eine derartige Informationserzeugung vor sich geht, am Schachspiel erläutern. Scheinbar geht es beim Schach um ein sogenanntes Nullsummenspiel: Zwei Gegner spielen, der eine gewinnt, der andere verliert, und das Resultat ist Null (+1–1=0). Die Strategie des Spiels ist, den Gegner in Fallen zu locken, um ihn zu besiegen. Das Wort »Strategie« kommt von »strategos« = Feldherr und hängt mit »stratagema« = List zusammen. Also ist Schach scheinbar ein listiges Kriegsspiel, bei dem Null herauskommt. Doch das widerspricht dem konkreten Spielerlebnis. Es treten nämlich im Verlauf des Spiels unvorhergesehene, unwahrscheinliche, abenteuerliche Situationen (also Informationen) auf, die allein das beim Schach Interessante ausmachen. Angesichts solcher Situationen, solcher »Schachprobleme«, wird ein Gewinnen uninteressant, und es gilt statt dessen, alles Mögliche aus ihnen herauszuholen. Die beiden Gegner verbünden sich gegen das Problem: aus »Polemik« wird »Dialog«. Sie »erinnern« sich, daß »stratagema« von »stratos« kommt, nämlich »Schicht«, und daß dies wieder aus dem uralten Wortstamm »str« kommt, den wir in »streuen« erkennen. Ihre Strategie ist jetzt, die in der unerwarteten Situation gestreuten Informationsbits auf immer neue Schichten zu komputieren. Und sie sind davon begeistert. Denn das Schach ist zu einem »Plussummenspiel« geworden: Sein Resultat sind neue Informationen. Und es gibt darin nur Sieger: Beide Spieler haben eine neue Information gewonnen.

Das Schachbeispiel soll den emportauchenden »Homo ludens« in den Griff bekommen, dieses emportauchende, spielerische, telematische Dasein. Es soll zeigen, was mit »Spielstrategie« hier gemeint ist, nämlich nicht ein listiges Fallenstellen (Kunst im Sinne von Artifiz), sondern methodisches Komputieren von gestreuten Punktelementen (Kunst im Sinne von Können). Es soll zeigen, wie »äußere« Dialoge produktiv sind. Und vor allem soll es zeigen, wie äußere Dialoge begeistern. Es soll zeigen, wie sich die Spieler mit Selbstvergessenheit in die Informationserzeugung stürzen und wie daher der Begriff »schöpferische Begeisterung« jene Stimmung meint, in welcher sich der kosmische telematische Dialog ereignet.

Der früher so begeisternde schöpferische »innere« Dialog ist beim Schach leicht zu simulieren. Man sitzt allein vor dem Brett und zieht abwechselnd die schwarzen und weißen Steine. Dabei kann man interessante, informative Situationen erzeugen. Aber sobald ein zweiter Spieler eingreift, erkannt man, wie begrenzt diese isoliert erzeugten Informationen waren. Mit dem Hinzukommen des zweiten Spielers hat sich nämlich die Spielkompetenz verdoppelt. In der »vortelematischen« Lage, einschließlich der Gegenwart, waren die weitaus meisten Informationen (seien sie wissenschaftlich, philosophisch, künstlerisch oder politisch) der isolierten Spielart zu verdanken. Die Telematik hingegen wird sehr zahlreiche Spieler ins Spiel einbeziehen, und die Spielkompetenz wird sich explosiv erweitern. Alle bisher von großen einzelnen erzeugten Informationen (unser ganzes Kulturgut) wird man in Zukunft als relativ arm betrachten. Verglichen mit den in Zukunft synthetisch erzeugten Informationen, verglichen vor allem mit den zukünftigen Bildern, wird die Kultur der Vergangenheit als ein bloßer Ansatz erscheinen. Man wird erkennen, daß mit der Telematik ein methodisch bewußtes Schaffen überhaupt erst beginnt.

Die telematische Methode, durch »äußere« Dialoge Informationen zu synthetisieren, durch Dialoge, an welchen theoretisch alle Menschen und alle »künstlichen Intelligenzen« mittels Kabel oder Satellit beteiligt sind, ist im Grunde nichts anderes als eine technische Anwendung der theoretischen Erkenntnis, daß alle Informationen aus Komputationen von Informationsbits entstehen. Die Telematik ist eine auf Theorie beruhende Technik der Informationserzeugung, etwa wie die Maschine des 18. Jahrhunderts eine auf Theorie beruhende Technik der Erzeugung von informierten Objekten war. Wir haben daher eine Revolution auf dem Gebiet der Informationserzeugung zu erwarten, die der der Industrierevolution auf dem Gebiet der Objekterzeugung in nichts nachsteht.

Zum Beispiel: Es gab vor der Industrierevolution eine langsame Entwicklung der Fahrzeuge, vom Einbaum bis hin zum Dreimaster und vom lastentragenden Sklaven bis hin zur Postkutsche. Jede einzelne Phase dieser Entwicklung war einem Erfinder zu verdanken, der zwar oft namenlos war, aber in den ersten Phasen ein Gott oder Halbgott sein konnte. Nach der Industrierevolution hat sich diese Entwicklung nicht nur beschleunigt, sondern sie hat ihren Charakter grundlegend verändert. Aus dem Segelboot sind nicht etwa nur ein Dampfschiff und ein Flugzeug geworden und aus der Postkutsche ein Auto und eine Rakete, sondern die jetzt ins Spiel getretene Theorie hat den Erzeugungsprozeß aus der Kompetenz eines Erfinders in die Kompetenz des überindividuellen Diskurses der Wissenschaft und der Technik erhoben. Daher ähnelt der Dreimaster weit mehr dem Einbaum, der Zehntausende von Jahren älter ist, als der Rakete, die ihm nur um zwei Jahrhunderte voraus ist. Durch die Einführung der Theorie in den Erzeugungsprozeß wurde sprunghaft eine neue Ebene von Objekten erklommen, und das Leben eines Menschen des 18. Jahrhunderts n. Chr. ähnelt weit mehr dem eines Menschen des 18. Jahrhunderts v. Chr. als dem seines Enkels.

Ein vergleichbarer Sprung ist gegenwärtig auf dem Gebiet der Informationserzeugung im Gange. Es gab vor der Informationsrevolution eine langsame Entwicklung zum Beispiel der Bilder, von den Höhlenmalereien in Lascaux bis zum Film, oder der Musik, von der Trommel bis zum elektronischen Synthesizer. Jede einzelne Phase dieser Entwicklung war einem Großen Künstler zu verdanken, der zwar oft namenlos war, aber in den ersten Phasen ein Gott sein konnte und in den vorletzten ein genialer Schöpfer vom Typ Cézanne oder Mozart. Nach der Informationsrevolution wird sich diese Entwicklung nicht nur beschleunigen, sondern sie wird ihren Charakter grundlegend verändern. Nicht nur bisher ungeahnte Bilder und ungeahnte Musik von bisher ungeahntem Informationsreichtum werden entstehen, sondern die jetzt ins Spiel tretende Informationstheorie wird den Erzeugungsprozeß aus der Kompetenz des einzelnen Schöpfers in die Kompetenz des überindividuellen Dialogs heben. Daher ähneln bereits jetzt die Filme eher den Wandmalereien in Lascaux als einem Bild von fraktalen Gleichungen auf Computerbildschirmen. Und unser Leben ähnelt eher dem unserer Ahnen im 18. Jahrhundert als dem unserer Enkel. Denn erst nach der Abschaffung des Mythos eines Autors von Informationen wird tatsächlich diszipliniertes, theoriegestütztes Schaffen möglich sein.

Durch Einführung von Theorie in den Erzeugungsprozeß wird der empirische Faktor (die Intuition, die Inspiration, die Heuristik) nicht etwa ausgeschaltet oder überholt, sondern er wird sich jetzt überhaupt erst zur Entfaltung bringen. Die komplexe Dialektik zwischen Theorie und Beobachtung einerseits und Theorie und Experiment andererseits verleiht der technischen Erzeugung ihre Dynamik. Bei der Erzeugung einer Concorde kommen eine Intuition, Inspiration und Heuristik ins Spiel, wie sie sich die Erzeuger von Postkutschen nicht haben träumen lassen. Erst im Raster der Theorie nämlich können sich Intuition und Inspiration bewähren, und in diesem Sinn ist die Concorde ein »Kunstwerk« weit höheren Grades, als es die Postkutsche sein konnte. Etwas Ähnliches ist von den künftig zu synthetisierenden Bildern zu erwarten. Die für das Schaffen charakteristische Begeisterung wird tatsächlich erst »Einbildungskraft«, wenn sie aufgefordert wird, gegen die Raster der Theorie, so wie sie in den Apparaten verkörpert ist, anzurennen. Die künftigen Bilder werden »Kunst«

in einem hohen Grade sein, weil sie ihre Erzeugung dieser Dialektik zwischen der in den Apparaten verkörperten Theorie und der intuitiven Einbildungskraft der Einbildner verdanken werden.

Die telematische Gesellschaft wird also den Begriff »Schaffen« nicht etwa abschaffen, sondern ihm im Gegenteil erst seine eigentliche Bedeutung verleihen. Das Schaffen wird sich dort nicht auf einige wenige Große Männer beschränken, welche empirisch mittels »innerer«, einsamer Dialoge informative Werke erzeugen. Die Zeit solcher schöpferischen Menschen, solcher Helden, ist definitiv vorbei: Sie sind zugleich überflüssig und unmöglich geworden. Was darauf hinausläuft, zu sagen, daß die Zeit der Geschichte (im Sinn von linearer Folge von »res gestae«) definitiv vorbei ist. Statt dessen werden alle Menschen am kreativen Prozeß beteiligt sein, ihre Intuitionen und Inspirationen an den in den Apparaten verkörperten Theorien heuristisch prüfen und dabei Informationen erzeugen, von deren Reichtum wir vorläufig keine Ahnung haben. Diese Informationen werden allerdings keine Werke mehr sein, keine »Objekte«, sondern substanzlose Botschaften, Herausforderungen an alle Menschen, daraus immer neue Informationen herzustellen. Und doch werden diese Informationen »ewiger« sein als die historischen Werke, denn sie werden nicht nur »ewig« reproduziert, sondern auch in »ewigen« Gedächtnissen gelagert werden können. Erst wenn das Werk, diese in Objekte gegrabene Information, überwunden wird (wenn also die dem Zweiten Hauptsatz der Thermodynamik unterworfene Objektivität der Information überwunden wird), kann man überhaupt darangehen, »Unvergängliches« zu schaffen.

Der künftige, auf seiner Tastatur spielende Mensch wird vom Rausch dieses Schaffens unvergänglicher, aber immer neu zu synthetisierender Informationen ergriffen werden. Wir können diesen Rausch bereits jetzt in embryonalem Stadium an den Kindern beobachten, die an Terminals sitzen. Der künftige Mensch wird beim Schaffensprozeß zum Selbstvergessen mitgerissen werden. Er wird im Spiel mit allen anderen mittels der Apparate aufgehen. Es ist jedoch falsch, dieses Selbstvergessen als ein Sichverlieren im Spiel anzusehen. Im

Gegenteil, der künftige Mensch wird sich selbst im Spiel finden, er wird sich selbst darin konkretisieren. Das »Ich«, das sich nach eidetischer Reduktion (und nach neurophysiologischer, psychologischer und informatischer Analyse) als ein abstrakter Begriff, als ein Nichts erwiesen hat, wird sich im schöpferischen Spiel überhaupt erst realisieren. Der künftige spielende Mensch wird sich durch das schöpferische Spiel hindurch im anderen finden. In diesem Zwiegespräch, in welchem alle zu allen »du« sagen werden, in diesem schöpferischen Spiel der gegenseitigen Anerkennung des anderen. Das ist es, was hier mit »Spielen«, mit »Schaffen« und mit »Telematik« gemeint ist.

Diese utopischen Überlegungen sind selbst vom Rausch des Spiels mitgerissen worden. Sie hoffen daher, in dem gleichen spielerischen Geist empfangen und vom Empfänger verändert weitergegeben zu werden.

13. BEREITEN

Die Frage nach Freiheit, nach der Fähigkeit, sich zu absichtlichem Informieren zu entschließen, ist wie ein roter Faden unbeantwortet durch die vorangegangenen Überlegungen gelaufen. Denn den Unterschied zwischen »natürlicher« und »kultureller« Informationserzeugung sozusagen von »außen« her als einen Gradunterschied anzusehen (das Unerwartete wird öfter in der Kultur als in der Natur hergestellt), läuft darauf hinaus, die Freiheit zu verwässern: Was der Mensch mit strategischem Spiel erreicht, erreicht die Natur mit Würfelspiel auch, nur dauert es dort länger. Und diesen Unterschied sozusagen von »innen« her als jenen zwischen der sturen Automatizität der Natur und der begeisterten Schaffenskraft des Menschen zu sehen, läuft darauf hinaus, die Freiheit zu subjektivieren: Wir erleben zwar unsere Informationen als absichtlich hergestellte, aber von einer »höheren« Sicht ist eine Information wie »Computer« von einer Information wie »Amöbe« nicht nach dem Kriterium »Freiheit« zu unterscheiden, da beide ihr Entstehen einer Synthese von vorangegangenen Informationen verdanken. Vielleicht läßt sich die Frage nach Freiheit befriedigender stellen, wenn man den Unterschied zwischen dem würfelnden und dem strategischen Komputieren dort zu überraschen versucht, wo beide Methoden zu neuer Information führen? Nämlich in jenem Augenblick, wo eine neue Information emportaucht? Also nicht Computer und Amöbe wären zu vergleichen, sondern das Emportauchen des Computers mit dem Emportauchen der Amöbe?

In der blind würfelnden Natur sieht es auf den ersten Blick so aus, als würden die unwahrscheinlichen Situationen sprunghaft eine aus der anderen emportauchen und dabei immer unwahrscheinlicher werden. Als bilde die Natur eine Treppe, bei der jede Stufe unwahrscheinlicher ist als die untere und wahrscheinlicher als die nächste. Die auf jeder gegebenen Stufe verfügbaren Informationen komputieren sich zufällig zu neuen, welche aus der Stufe emportauchen, um die nächste zu bilden. Und so gäbe es in der Natur einen diskontinuierlichen Fortschritt. Daher der Eindruck, es gebe eine »Naturgeschichte«.

Etwa so: Aus Partikeln entspringen immer komplexere Atome (ein komplexeres Atom sprunghaft aus einem einfacheren), aus Atomen entspringen immer komplexere Moleküle (ein komplexeres Molekül sprunghaft aus einem einfacheren), aus Molekülen entspringen immer komplexere Organismen (ein komplexerer sprunghaft aus einem einfacheren), und der Mensch, als letzte bisher emportauchende Stufe, ist seltsamerweise fähig, diese »Naturgeschichte« zu schreiben.

Konzentriert man jedoch die Aufmerksamkeit auf den Augenblick, da die eine Stufe aus der vorangegangenen emportaucht, dann verschwindet die »Naturgeschichte« als diskontinuierlicher Fortschritt aus dem Blickfeld. Fragt man zum Beispiel: Was geschieht eigentlich im Wasserstoffatom, damit ein Heliumatom daraus wird? Oder: Was geschieht eigentlich in einem Reptil, damit ein Säugetier daraus wird?, dann bekommt man Antworten, in denen von diskontinuierlichem Fortschritt keine Rede sein wird. Auf jeder Stufe wird selbstredend die Antwort anders lauten als auf allen übrigen, und doch kann man an allen etwas Gemeinsames erkennen. Nämlich: Auf jeder Stufe ereignen sich ständig Zufälle, welche diese Stufe abbauen. Das Wasserstoffatom ist ständig daran, zufällig in Partikel zu zerfallen, und das Reptil, durch zufällige Mutationen seiner genetischen Information zu degenerieren. Jede bereits erreichte Informationsstufe ist in ständigem Zerfallen. Allerdings ereignen sich auch einige ungemein seltene Zufälle, welche zur nächsten Informationsstufe führen, aber diese neue Stufe beginnt, sobald emporgetaucht, sofort ihrerseits zu zerbröckeln. Es geht also in der Natur um ein Treppengebäude, das als Ganzes und auf jeder seiner Stufen in einem ständigen Zerfall ist.

Das also meint man, wenn man sagt, daß die Natur würfelt: Sie bricht in sich zusammen, um in Entropie zu zerfallen. Und dieser Zerfall ist derart aleatorisch, daß dabei auch, mitten in der Ruine, immer neue Informationsstufen emergieren. Wenn man gegenwärtig so gern auf den Begriff »Emergenz« zurückgreift, dann gegen den Hintergrund dieser allgemeinen Ruine.

Vergleicht man nun diese »Naturgeschichte« mit Kulturgeschichte, das heißt die würfelnde mit der strategischen Informationserzeugung, dann wird das absichtliche Schaffen, die Freiheit, in einem neuen Licht erscheinen. Der Unterschied erscheint dann nicht als eine Frage der Geschwindigkeit (so, als ob sich die Geschichte seit Emportauchen des Menschen beschleunigt hätte) und auch nicht als eine Frage des Standpunkts beiden gegenüber (so, als ob Kulturgeschichte nichts anderes sei als »Naturgeschichte« vom Standpunkt des Menschen gesehen), sondern als eine Umkehrung der Richtung (die »Naturgeschichte« läuft dem Verfall zu, die Kulturgeschichte nimmt den Verfall als ihren Ausgang). Das heißt: Das Engagement des Menschen sieht nicht mehr so aus, als ginge es ihm um eine bessere Methode, Informationen herzustellen, und auch nicht so, als sei es eine »natürliche« Tendenz, sondern es sieht so aus, als sei es ein Engagement gegen die Natur, und vor allem gegen das in der Natur unvermeidliche Zerfallen von Informationen, gegen den Tod, gegen das Vergessenwerden. Wir stellen Informationen her, um nicht vergessen zu werden, um nicht zu sterben, und Freiheit ist, gegen den Tod anzugehen.

Zwar sieht, wenn man die Kulturgeschichte mit der »Naturgeschichte« vergleicht, die Sache so aus, als ginge in beiden Fällen ein diskontinuierlicher Fortschritt inmitten einer allgemeinen Ruine vor sich. Auch in der Kulturgeschichte beginnt jede neue Informationsstufe, sobald emporgetaucht, zu zerfallen. Kaum ist zum Beispiel das Barock aus vorangegangenen Informationen entstanden, kann man an ihm Verfallserscheinungen konstatieren. Und auch in der Kulturgeschichte ist alles dem Vergessenwerden anheimgestellt: Nicht nur alle Menschen werden sterben, und die weitaus meisten sind vergessen worden, sondern Städte zerfallen, und zweifellos hat es ganze Kulturen gegeben, welche für immer vergessen wurden. Und doch: Die Tendenz in der Kulturgeschichte ist der der »Naturgeschichte« entgegengesetzt. In der Natur entstehen neue Informationen sozusagen als Irrtum, als ein unvorhersehbarer Unfall. (In der Biologie wird von Mutationen als Irrtümern bei der Informationsübertragung gesprochen.) Und in der Kultur ist es das Vergessenwerden, das einen allerdings bisher unvermeidlichen Unfall darstellt. Daher ist das zentrale Problem der absichtlichen Informationserzeugung das Nichtvergessenwerden, das Gedächtnis.

Die Telematik kann, von diesem Gesichtspunkt aus, als eine Technik angesehen werden, welche erlaubt, alle erzeugten Informationen in unvergänglichen Gedächtnissen zu lagern. Bei telematisierten Dialogen tauschen menschliche und »künstliche« Gedächtnisse Informationen, um daraus neue zu synthetisieren und diese dann in künstliche zu lagern. Dadurch sollen nicht nur diese neuen Informationen, sondern auch die sie erzeugt habenden menschlichen Gedächtnisse vor dem Vergessenwerden geschützt werden. Die eigentliche Absicht hinter der Telematik ist, uns unsterblich zu machen. Denn in der Telematik wird man sich dessen bewußt, daß Freiheit nicht nur darin besteht, Informationen zu erzeugen, sondern darin, diese Informationen vor der natürlichen Entropie zu bewahren. Daß wir schaffen, um nicht zu sterben.

Das ist keine neue Erkenntnis. Man hat schon immer danach gesucht, Informationen in »unvergängliche« Unterlagen (»aere perennius«) zu graben – oder zumindest doch sehr langsam vergängliche wie Bronze oder Marmor. Aber es war ein verlorenes Bemühen. Denn alle Unterlagen wie immer sind, weil materiell, das heißt natürlich, dem Zweiten Hauptsatz unterworfen, und müssen mitsamt der in ihnen enthaltenen Informationen zerfallen. Erst seit wir elektromagnetische Bilder, unterlagenlose »reine« Informationen haben, können wir hoffen, diesem Fluch des Vergessenwerdens zu entrinnen. Denn erst jetzt können wir Gedächtnisse herstellen, über welche die Natur keine Gewalt hat. Die telematische Gesellschaft ist die erste Antwort auf den bisher unvermeidlichen Verfall aller Kultur und aller daran Beteiligten in den Abgrund des Vergessenwerdens, des Todes. Und sie ist eine technische Antwort.

Alle Informationen müssen zerfallen, wenn man sie in materielle Unterlagen lagert. Sieht man dies ein, dann sind sämtliche linearen Modelle der Geschichte aufzugeben. Geschichte ist dann kein linearer Prozeß mehr, bei welchem der Mensch die Natur progressiv in Kultur verwandelt, sondern die tatsächliche Lage ist diese: Der Mensch reißt progressiv Gegenstände aus der Natur, um Informationen in sie zu drücken, also Kulturgegenstände aus ihnen zu machen. Die derart erzeugten Kulturgegenstände werden verbraucht, das heißt: die in sie eingegrabene Information wird verwaschen. Solche verbrauchten Kulturgegenstände werden weggeworfen, und sie bilden Abfall. Dort zerfällt die restliche in ihnen noch vorhandene Information durch Entropie, und der Gegenstand kehrt in jene Natur zurück, aus der er ursprünglich herausgerissen wurde. Zum Beispiel: Eine Tierhaut wird aus der Natur gerissen, und Information wird in sie hineingedrückt: Der Kulturgegenstand »Schuh« ist erzeugt worden. Der Schuh wird ausgetreten, seine Information verliert sich, und er wird in den Abfall geworfen. Dort zerfällt er laut dem Zweiten Hauptsatz und kehrt als amorphe Masse in jene Natur zurück, aus der er ursprünglich herausgerissen wurde. Wir stehen also vor einem Zirkel »Natur-Kultur-Abfall-Natur«, und von linearem Fortschritt ist keine Rede. Jeder fortschrittliche Historizismus ist aufzugeben.

In seinem Engagement gegen den vitiösen Zirkel »Natur-Kultur-Abfall-Natur«, in seinem Engagement gegen diesen Informationszerfall, greift nun der Mensch zu immer dauerhafteren Informationsunterlagen, zum Beispiel zu Plastikflaschen statt zu Glasflaschen. Perverserweise staut sich dadurch aber der vitiöse Zirkel nicht in der Kultur, im »Gedächtnis«, sondern im Abfall, im »Vergessen«. Die Plastikflasche wird ebenso schnell weggeworfen wie die gläserne, aber es dauert bei ihr länger, bis sie in die Natur zurückkehrt. Der so gestaute Abfall verpestet die Umwelt, sickert in die Kultur zurück und droht sie mit rezykliertem Halbvergessenen, mit Kitsch zu überfluten. Als Antwort auf diese Drohung sind, neben den Natur- und Kulturwissenschaften, jetzt Abfallwissenschaften wie Ökologie, Archäologie, Tiefenpsychologie oder Etymologie entstanden. Sie sollen das Halbvergessene ins Gedächtnis zurückrufen, um so des Abfalls Herr werden zu können. Eine typisch nachgeschichtliche Problematik.

Die Telematik wird dieser uns gegenwärtig so bedrohenden Problematik ein Ende bereiten. Denn sie wird erlauben, Informationen ohne materielle Unterlagen herzustellen und zu lagern. Immaterielle Unterlagen wie elektromagnetische Felder zerfallen nicht in Abfall, und die Informationen, die darin eingegraben sind, können praktisch ewig im Gedächtnis »Kultur« gelagert werden. Der Zirkel »Natur-Kultur-Abfall-Natur« wird sich in der Kultur, nicht im Abfall stauen. Durch diese neue Möglichkeit, Informationen zu lagern, wird sich das Interesse an materiellen Unterlagen als Informationsträgern radikal verringern. Wenn ich über eine Videothek verfüge, wozu sollte ich dann zehn Paar Schuhe im Schrank aufheben wollen? Ich werde im Gegenteil so wenig Gegenstände wie möglich besitzen wollen, um Platz für die Lagerung meiner Videokasetten zu haben, und diese wenigen Gegenstände werden so schnell wie möglich wegwerfbar und zerfallbar sein müssen. Nicht Plastikflaschen, sondern Papierflaschen also. Der Abfall wird sich auf ein Minimum reduzieren, nämlich auf das Minimum der unvermeidlichen Verbrauchsgegenstände, und er wird sich sehr schnell in Natur zersetzen. Die Telematik wird demnach das Abfallproblem erledigen, denn sie wird erlauben, alle materiellen Unterlagen für Informationen zu verachten.

Sie wird jedoch an die Stelle des Abfalls eine andere und ebenso bedrohliche Problematik stellen. Wenn sich nämlich von jetzt an der Kreislauf »Natur-Kultur-Abfall-Natur« nicht mehr im Abfall, sondern in der Kultur stauen wird, dann wird es notwendig werden, das Lager »Kultur« riesenhaft auszubauen, um dem Schwall von hineinströmenden immateriellen Informationen Platz zu gewähren. Sonst nämlich würden wir statt am Abfall am Informationsüberschwall ersticken. Wie ein derartiger Umbau der Kultur aussehen wird, können wir in groben Umrissen bereits erkennen. Es werden erstens immer besser funktionierende künstliche Gedächtnisse in die Kultur eingebaut werden. Zweitens wird dem Begriff »Vergessen« eine neue und systematisch manipulierbare Bedeutung verliehen werden müssen. Das Vergessen wird als eine dem Lernen ebenbürtige und nicht weniger notwendige Informationsstrategie angesehen werden müssen. Und drittens wird dies erlauben, redundante Informationen (solche, die auch andernorts gelagert sind) in spezifischen Gedächtnissen auszulöschen. Redundante und informative Situationen werden methodisch unterschieden werden müssen. Keine dieser Methoden wird jedoch voraussichtlich das Übermaß an verfügbaren Informationen bewältigen können. In einer allerdings noch weit vor uns liegenden Zukunft wird dieses Übermaß zu einem Hauptthema werden. Weil ja, im Unterschied zu Rohstoff- und Energiequellen, die Quellen der Informationen unerschöpflich quillen.

Damit jedoch die Telematik einen derartigen Umbau der kulturellen Zirkulation wird durchführen können, müssen zuvor alle bisher auf papierartigen Unterlagen ruhenden Informationen (vor allem Bilder und Texte) elektromagnetisiert werden. Diese Übersetzung von der Chemie in die Elektronik ist bereits im Gange, wiewohl vielleicht nicht allen Betroffenen bewußt ist, daß Fotos, Filme und Bücher daran sind, auf Terminals auszuwandern. Diese technische Revolution, dank welcher chemische Unterlagen wie Druckerschwärze oder Silberverbindungen verschwinden werden, wird zweifellos auf das Bildermachen und Schreiben einen Einfluß haben. Bildermacher und Schreiber werden Einbildner werden müssen. Anders gesagt: Alle gegenwärtigen technischen Bilder, aber auch alle gegenwärtigen Texte sind als Vorläufer von synthetischen Computerbildern anzusehen. Erst wenn diese Übersetzung ins elektromagnetiche Feld geleistet ist, werden die Informationen tatsächlich in unvergänglichen Gedächtnissen lagerbar werden, um dort immer wieder reproduziert und umgewandelt zu werden. Erst dann werden die Informationen nicht nur vor dem Vergessen bewahrt sein, sondern auch zu immer neuen Informationen führen. Und damit wird sich schließlich das strategische dialogische Spiel mit »reinen« Informationen dem blinden Würfelspiel der Natur entgegensetzen können, um uns unsterblich zu machen.

Das ist die Absicht in der Telematik. Die Frage ist: Mit welcher Strategie kann diese Absicht ins Werk gesetzt werden? Oder anders: Worin eigentlich besteht der Unterschied zwischen dem blinden Würfeln der Natur und der Strategie des Dialogs, also der Unterschied zwischen Entropie und Negentropie, zwischen notwendigem Zufall und Freiheit? In der Tatsache, daß beim Würfeln alle Informationen wahllos miteinander kombiniert werden, während beim Dialog redundante Informationen ausgeschieden werden. Freiheit ist im Grunde die Unterscheidung zwischen Redundantem und tatsächlich Informativem, und frei ist, wer für eine derartige Unterscheidung kompetent ist.

Bevor ich auf die Frage dieser Kompetenz eingehe, will ich zwei Beispiele dafür geben: die Erfindung des Feuermachens und die des Newtonschen Weltbilds, also zweier außerordentlich unwahrscheinlicher, vorher nicht voraussehbarer, demnach stark informativer Situationen. Was machte den Steinzeitmenschen kompetent, Feuer zu machen, und Newton, sein Weltbild zu entwerfen? Beide scheinen, ganz wie die Natur es tut, gewürfelt zu haben. Sie haben Zufälle aufgegriffen (etwa einen vom Blitz getroffenen Baum oder einen vom Baum auf den schlafenden Newton fallenden Apfel). (Im zweiten Beispiel: si non è vero, è ben trovato.) Ja, aber sie haben diese Zufälle nicht zufällig aufgegriffen, sondern weil sie darin Modelle für gänzlich unwahrscheinliche Situationen erkannten. Sie haben die Zufälle in Einfälle verwandelt. Der Steinzeitmensch war kompetent, im Zufall »brennender Baum« ein Modell für die außerordentlich unwahrscheinliche Situation »kochender und daher fleischfressender Primat« zu erkennen, und er hat dadurch den Menschen in einen Jäger von Großwild verwandelt. Newton war kompetent, im Zufall »Apfelfall« ein Modell für eine Verquickung der Mechanik Galileis mit der Astronomie Keplers zu erkennen, und er hat dadurch die moderne Physik begründet. Beide waren kompetent für das Umkehren eines redundanten Zufalls in unvorhersehbare Informationen. Beide waren frei. Doch wie haben sie diese Kompetenz erreicht? Wie sind sie frei geworden?

In der vortelematischen Lage neigte man zu einer mythischen Antwort. Es waren geniale Menschen, sie wurden irgendwie als Genies geboren. Es waren eben »Autoren«. Zwar mußte man auch damals zugeben, daß diese ererbte Information, diese Genialität nicht ausreicht, um die neue Information »Feuer« oder »Newtonsche Physik« herzustellen. Newton zum Beispiel mußte Mechanik und Astronomie erworben haben, um den Zufall »fallender« Apfel« auswerten zu können. Aber man setzte doch voraus, daß nicht jeder, der Mechanik und Astronomie lernt, ein Newton sein kann. Die Telematik belehrt uns eines Besseren: Jeder kann Newton werden. Es genügt, um solch eine Kompetenz zu erreichen, sich am dialogischen Spiel beteiligt zu haben. Das dialogische Spiel ist eine Vorbereitung für Kompetenzen, und der daran beteiligte Spieler wird in Bereitschaft gesetzt, Redundanzen in Informationen zu verwandeln. Wenn in der bisherigen, vortelematischen Lage nur wenige Leute Genies waren, so deshalb, weil sich die meisten Menschen nicht am Dialog beteiligen konnten, sondern die im Dialog ausgearbeiteten Informationen auf materielle Unterlagen drücken mußten, »arbeiten« mußten. Die Telematik und die Robotik werden die Menschheit für »Genialität«, für die Kompetenz befreien, Redundantes in Informatives umzuwandeln, indem sie sie von der Notwendigkeit zu arbeiten befreien werden. Die Robotik verleiht die nötige Muße (schole), um aus der Telematik eine Schule für Kompetenzen zu machen, eine Schule der Freiheit.

Der Begriff »Kompetenz« ist zwar ein mathematischer Begriff, und er kann quantifiziert werden, aber er gewinnt in diesem Kontext eine existentielle Färbung. »Kompetenz« ist die Summe aller möglichen Verbindungen (Komputationen) von Elementen nach Regeln. Zum Beispiel ist die Kompetenz des Schachspiels die Summe aller möglichen Konstellationen von Schachsteinen nach Schachregeln, und diese Kompetenz ist größer als die des Damespiels. Oder: Die Kompetenz eines Fotoapparates ist die Summe aller möglichen Fotografien nach den im Apparat programmierten Regeln, und diese Kompetenz wird bei neuen Apparaten immer größer. Oder: Die Kompetenz eines Englischsprechenden ist die Summe aller möglichen Verbindungen der ihm verfügbaren englischen Wörter nach den Regeln der Sprache, und sie vergrößert sich, wenn er neue Wörter und Regeln lernt. Man kann die Summe der Elemente das »Repertoire« und die Summe der Regeln die »Struktur« nennen und sagen, »Kompetenz« sei die Funktion eines gegebenen Repertoires auf einer gegebenen Struktur. Die Kompetenz vergrößert sich, wenn sich Repertoire und/oder Struktur vergrößern. Beim Menschen ist die Struktur des »Data processing«, vereinfacht gesagt, das Gehirn, und sie ist ungeheuer groß, so groß, daß sie zum weitaus größten Teil ungenutzt brachliegt. Menschliche Kompetenz wird vergrößert, wenn man das Repertoire (die Daten) vergrößert. Und das ist die Aufgabe, die sich die Telematik gesetzt hat.

Was also am telematischen dialogischen Spiel zuerst einmal interessiert, ist nicht die Tatsache, daß vorher ungeahnte Mengen von neuen Informationen dabei herauskommen, sondern daß alle daran

Beteiligten für diese Herstellung vorbereitet werden. Daß sie alle kompetent werden, aus Redundanzen Informationen zu machen. Daß aus diesem Dialog lauter »geniale Erfinder« hervorgehen, lauter Feuererfinder, lauter Newtons. Theoretisch werden überhaupt alle Menschen telematisch für das Erzeugen immer unwahrscheinlicherer und abenteuerlicherer Informationen vorbereitet und kompetent werden. Das eben ist die Strategie der Freiheit: Informationsaustausch zwecks Erhöhung der Kompetenz für das Verwandeln des redundanten Zufalls in Unvorhersehbares, in Abenteuer.

Leider hat diese Strategie eine unangenehme Seite. Sie gilt nämlich nicht nur für Menschen, sondern auch für künstliche Intelligenzen. Die Telematik kann nicht nur alle Menschen, sondern auch alle künstlichen Intelligenzen immer kompetenter machen, und diese künstlichen Intelligenzen werden ebenfalls immer »genialer« werden. Sehr bald wird daher die Frage nach dem Verhältnis zwischen menschlichen und künstlichen Intelligenzen im Mittelpunkt des Dialogs stehen. Man wird die unangenehme Wahl haben, entweder die künstlichen Intelligenzen zu humanisieren oder die menschlichen zu apparatisieren. Aber möglicherweise ist dies nur eine vortelematische Sicht auf diese Frage. Im telematischen Dialog werden menschliche mit künstlichen Intelligenzen derart gekoppelt werden, daß es sinnlos werden wird, in den so erzeugten Informationen zwischen menschlichen und künstlichen Faktoren unterscheiden zu wollen. Künstliche und menschliche Intelligenzen werden zu einer Einheit verschmelzen, so wie dies heute schon embryonal beim Fotografen und Fotoapparat der Fall ist. Die Menschen werden um so freier, je kompetenter die Computer sind, mit denen sie sich koppeln. Je raffinierter die künstliche Intelligenz, desto größer die Einbildungskraft jener, die gekoppelt mit ihr Bilder erzeugen. Allerdings muß dabei dieses Verhältnis »Mensch–Apparat« tatsächlich dialogisch sein und nicht, wie gegenwärtig, eines, bei dem der Mensch vom Apparat programmiert wird. Ich werde im Kapitel »Feiern« noch einiges über solch ein dialogisches Programmieren (das sogenannte »Eigenprogramm«) zu sagen haben. Aus der Sicht einer tatsächlich funktionierenden Telematik (nicht aus der Sicht des gegenwärtigen Schaltplans »Apparat–Mensch«) führen immer kompetentere Apparate zu immer kompetenteren Menschen.

Telematik als Schule der Freiheit. Und Freiheit als menschliches Engagement, Informationen gegen die Entropie, den Zufall, den Tod herzustellen. Allerdings: Um frei sein zu können, muß man doch wohl zuerst frei sein wollen? Bevor man fotografiert, und bevor man fürs Fotografieren kompetent wird, muß man doch wohl zuerst fotografieren wollen? Auf dieser Entscheidung zur Freiheit beruht doch wohl die telematische Gesellschaft, und ohne diese Entscheidung wird sie ein Unsinn? Ich will daher noch ein Kapitel dem Bedenken der Freiheit widmen, in der Hoffnung, dabei nicht in den Abgrund des ewigen Regresses zu stürzen.

14. ENTSCHEIDEN

Die in den vorangegangenen Kapiteln geführte Diskussion über das Problem der Freiheit in der emportauchenden telematischen Gesellschaft führt zu etwa dem folgenden Bild von dieser Gesellschaft: Sie gleicht einem dialogischen Netz, durch dessen Fäden Informationen von Knoten zu Knoten laufen und das daher eine Ähnlichkeit mit Nervensystemen im allgemeinen und Gehirnen im besonderen aufweist. Die Knoten des Netzes sind menschliche und künstliche Gedächtnisse, Intelligenzen, in denen die durch die Fäden übertragenen Informationen zusammenlaufen, um dort gelagert, zu neuen Informationen komputiert und schließlich durch die Fäden in Richtung anderer Knoten weitergesandt zu werden. Die Summe der im Netz verfügbaren Informationen wird dadurch immer größer. Deshalb muß das telematische Netz als ein widernatürliches System angesehen werden. Denn in der Natur – als System gesehen – wird die Summe der verfügbaren Informationen immer kleiner. Und dieser widernatürliche Charakter des telematischen Netzes wurde in der vorangegangenen Diskussion als Ausdruck der menschlichen Freiheit betrachtet. Denn die Freiheit wurde dort als die Entscheidung verstanden, sich der natürlichen Entropie zu widersetzen. Anders gesagt: Die Telematik wurde als eine Technik angesehen, welche dem menschlichen Willen entsprungen ist, sich vom Zweiten Hauptsatz der Thermodynamik, vom Zerfall, vom Vergessen, vom Tod zu befreien, und zwar wurde sie als die letzte aller solcher Techniken angesehen und zugleich als die erste, welche Chancen hat, ihr Ziel zu erreichen.

Die Knoten im telematischen Netz sind, soweit es sich dabei nicht um künstliche, sondern um menschliche Gedächtnisse handelt, was in der Umgangssprache das »Ich« genannt wird. Im mehr oder minder isolierten vortelematischen Gedächtnis, im »individuellen Gehirn«, neigen die darin gelagerten Informationen dazu, sich zufällig zu desinformieren, genau wie die in Atomen, in Molekülen und in Organismen gelagerten Informationen. Denn das menschliche Gehirn ist ein natürliches Organ, nicht anders als die Amöbe ein natürliches Phänomen ist, und es muß, ebenso wie die Amöbe, in die natürliche Tendenz zur Entropie münden. Das heißt: Was in der Umgangssprache das »Ich« genannt wird, muß, falls nicht in ein dialogisches Netz eingebaut, vergessen und vergessen werden. Zwar können im Gedächtnis, im »Ich«, zufällig auch neue Informationen entstehen, ebenso wie im Molekül oder in der Amöbe, doch müssen diese negativ entropischen Zufälle ihrerseits vergessen werden. Es gibt allerdings einen Unterschied zwischen Molekül und Amöbe auf der einen Seite und dem menschlichen Gedächtnis auf der anderen. Das menschliche Gedächtnis ist nämlich zufällig so gebaut, daß es sich gegen das Vergessen und Vergessenwerden stemmt. Das »Ich«, der Mensch, ist ein zufällig freies Wesen. Und diese seine Freiheit ist es, aus der alle Techniken und zuletzt die Telematik entsprungen sind.

Die Telematik ist die erste sich der Absicht in allen Techniken bewußte. Im Unterschied zu allen vorangegangenen Dialogformen versucht sie methodisch, die Summe der verfügbaren Informationen zu steigern. Zwar handelt es sich bei allen Dialogen um Techniken, die darauf zielen, im zwischenmenschlichen Gewebe die Informationssumme zu steigern, statt sie abnehmen zu lassen, wie sie natürlicherweise sollte. Doch erst mit der Telematik wird diese Absicht, Unwahrscheinliches herzustellen, zu einer Methode erhoben. Die entscheidende Frage, die für alle Dialoge schlechthin gilt, nämlich: »Wieso entstehen beim Dialog nicht zumeist desinformierende Situationen, wie dies in der Natur der Fall ist, sondern zumeist informative?«, ist daher an die Telematik mit besonderer Schärfe zu stellen. Und zwar ist sie so zu formulieren: »Wie scheidet die Telematik methodisch alles Redundante aus und behält nur Informatives bei, wie also filtert sie den durch ihre Fäden laufenden Informationsstrom?« Und diese Frage setzt wiederum eine andere voraus: »Wie unterscheidet die Telematik zwischen Redundanz und Information, wie entscheidet sie sich für Information, nach welchen Kriterien filtert sie?« Diese Kriterien, dieser Filter, diese Entscheidung sind die Wurzel der Freiheit. Denn das Auf- und Herstellen dieses widernatürlichen Filters, dieser Kriterien, ist die Geste der Entscheidung, nicht zu vergessen, nicht vergessen zu werden und nicht zu sterben.

Wir stehen bei dieser Frage vor verschiedenen Varianten des Zufalls, nämlich vor »Zerfall«, »Unfall«, »Abfall« und »Einfall«. Alle Dialoge stellen Filter auf, welche »Zerfall«, »Unfall« und »Abfall« abschirmen und nur den »Einfall« ins Netz gelangen lassen sollen. Selbstverständlich sind all diese Variationen von »Zufall« wertgeladen: Wer »Kriterien« sagt, meint »Werte«. Ich habe jedoch vor, die Frage nach dem Filter, nach der Entscheidung, zunächst aus ihrem Wertkontext herauszuheben, also so zu tun, als ob die zu filternden Informationen nicht »wertvoll« wären, als ob es sich beim Filtern nicht um eine ethische und ästhetische Entscheidung handeln würde.

Verbindet man zwei Gefäße mittels eines Kanals und füllt in das eine kaltes Wasser und in das andere heißes, so wird man nach einiger Zeit in beiden Gefäßen lauwarmes Wasser haben. Das ist »natürlich« und illustriert den Zweiten Hauptsatz der Thermodynamik. Setzt man nun in den Kanal einen Filter ein, der aus dem heißen Wasser nur kalte Moleküle und aus dem kalten nur heiße hindurchläßt, so wird man mit der Zeit auf der einen Seite noch heißeres und auf der anderen noch kälteres Wasser haben. Diesen Filter kann man das »Maxwellsche Teufelchen« nennen. Und man kann von diesem Filter sagen, daß er zwischen den beiden Gefäßen einen Dialog herstellt, der zu einer unwahrscheinlichen Situation, zu einer Information führt. Insofern illustriert diese widernatürliche Koppelung den menschlichen Dialog schlechthin und den telematischen im besonderen.

Das Maxwellsche Teufelchen ist ein Mechanismus, und zwar ein automatischer Mechanismus. Es filtert nicht nur automatisch, sondern es entscheidet auch automatisch, welche Moleküle durchgelassen werden sollen. Und diese Entscheidung trifft es aufgrund einer Unterscheidung von heißen und kalten Molekülen, welche es wiederum automatisch mit Hilfe eines Thermometers trifft. Wir haben folglich beim Maxwellschen Teufelchen einen automatischen Zensor und Kritiker vor uns. Freilich mußte Maxwell diesen automatischen Kritiker zuvor programmiert haben. Er mußte ihm vorgeschrieben haben, von rechts nur heiße und von links nur kalte Moleküle durchzulassen. Die

Frage dabei ist selbstredend, ob Maxwell bei dieser seiner Programmierung des Teufelchens nicht selbst programmiert war.

Man hat hier zunächst den Eindruck, als könnten derartige automatische Kritiker und Zensoren nur bei sogenannten »wertfreien« Informationen angewandt werden, nur bei solchen nämlich, wo Apparate wie das Thermometer die Entscheidungen treffen können. Wenn es um ethische, um politische, um ästhetische Informationen geht, so scheint es, sind derartige Apparate nicht zu gebrauchen. Wie sollte auch ein Apparat entscheiden können, welches Verhaltensmodell das bessere ist und welcher Film der schönere, um dann nur die guten und schönen Informationen ins dialogische Netz zu lassen. Man ist also zuerst einmal der Ansicht, daß es unmöglich ist, Werte wie auf einem Thermometer zu eichen.

Aber das ist ein Irrtum. Die Informatik einerseits und der Propositionskalkül andererseits belehren uns eines Besseren. Die Informatik belehrt uns, daß der Informationsgehalt einer gegebenen Situation theoretisch exakt meßbar ist, gleichgültig um welchen Typ von Information es sich handelt. Es genügt hierzu, die Gleichung des Zweiten Hauptsatzes der Thermodynamik in ihr Spiegelbild umzudrehen. Es läßt sich dann der Seltenheitsgrad eines jeden Elements der zu messenden Situation (der Seltenheitsgrad eines jeden Informationsbits) genau bestimmen. Und diese Messungen können auf beliebig zahlreichen Ebenen der Situation vorgenommen werden. Zum Beispiel: Ein deutscher Text ist auf seinen Informationsgehalt hin zu messen. Im Deutschen ist »x« ein seltener Buchstabe, und je öfter er im zu messenden Text vorkommt, desto informativer wird dieser Text auf der Buchstabenebene sein. Und je mehr »e« darin vorkommen, desto redundanter auf dieser Ebene. Man kann den Text jedoch ebenso auf der Ebene der Wörter, der Sätze, der Rhythmen oder der Stile messen, ohne dabei etwas anderes als Seltenheitsgrade ins Spiel zu bringen. Und das gleiche läßt sich selbstredend auf alle Typen von Informationen anwenden, zum Beispiel auf Bilder. Es genügt, ein solches automatisches Meßgerät in das Maxwellsche Teufelchen einzusetzen, und die Entscheidung, was durchzulassen und was zu zensieren ist, verläuft automatisch. Es geht dabei lediglich um eine Frage der Technik. Zwar bestehen Informationen aus so zahlreichen Ebenen, daß es menschenunmöglich ist, jede davon herauszuheben und zu messen, doch können künstliche Intelligenzen schneller kalkulieren und komputieren. Schreitet die Technik in dieser Richtung voran (und das tut sie), dann werden in absehbarer Zukunft die automatischen Kritiker die menschlichen nicht nur ersetzen, sondern sie werden auch tiefere Einblicke als diese haben.

Der Propositionskalkül belehrt uns, daß Werte kalkuliert werden können. Werte sind Imperative, Soll-Propositionen. Zum Beispiel ist der Wert, das Leben des Nächsten zu ehren, unter anderem der Imperativ (die Soll-Proposition) »Du sollst nicht töten!«. Nun lassen sich schlechthin alle Propositionen, auch die Imperative, in funktionale Propositionen übersetzen. Funktionale Propositionen sind ein Typ von Indikativen, und sie können als »Wenn-dann«-Propositionen formuliert werden, zum Beispiel: »Wenn es regnet, nehme ich einen Schirm.« Übersetzt man nun eine Soll-Proposition in eine Wenn-dann-Proposition, so stellt sich heraus, daß ihr ein Glied fehlt: Aus »Du sollst nicht töten!« wird »Wenn du tötest, dann ...«. Selbstredend ist es nicht weiter schwierig, das fehlende Glied einzufügen, etwa: »Wenn du tötest, kommst du in die Hölle (oder ins Gefängnis, oder du erhältst eine Militärauszeichnung, oder was immer).« Doch sind Soll-Propositionen defektive Propositionen und daher sinnlos. Ihr Informationsgrad ist ungefähr so hoch wie der eines Hundebellens. Sobald sie aber das ihnen fehlende Funktionsglied eingefügt bekommen, können sie kalkuliert werden. Mit anderen Worten: Der Propositionskalkül zeigt, daß Werte Nonsens sind und daß sie, sobald man ihnen einen Sinn gibt, aufhören, Qualitäten zu sein und quantifiziert werden können. Zum Beispiel: »Wenn du zehnmal tötest, dann gehst du lebenslänglich ins Gefängnis oder bekommst eine Tapferkeitsmedaille, oder was immer.« Derartige automatische Meßgeräte können in Maxwellsche Teufelchen eingebaut werden, und die Entscheidung, welche Werte (seien es ethische oder ästhetische) durchzulassen sind und welche abzuschirmen, verläuft dann automatisch.

Betrachtet man die Sache unter diesem Gesichtspunkt, dann erscheint die Telematik als eine Technik, welche erlaubt, den Menschen nicht nur im Schaffensprozeß, sondern auch im Entscheidungsprozeß durch Automaten zu ersetzen. Ich habe übrigens in einem vorangegangenen Kapitel zu zeigen versucht, daß bereits jetzt die meisten Entscheidungen automatisch getroffen werden, lange bevor die Technik der Informatik und die Methode des Propositionskalküls ihre Reife erreicht haben und lange bevor die Telematik tatsächlich funktionell wurde. So daß, von diesem Standpunkt aus, die Telematik nicht so sehr als eine Revolution in der Informationserzeugung erscheint und auch nicht als eine Revolution in der Vorbereitung für diese Erzeugung, sondern als eine Revolution in der Entscheidung; als ein Abwälzen des kritischen Bewußtseins vom Menschen auf Automaten. Ende der Freiheit.

Wäre dies der richtige Standpunkt, es wäre im buchstäblichen Sinne des Wortes »entsetzlich«: Wir würden als Kritiker, als entscheidende Wesen, abgesetzt werden. Glücklicherweise ist aber im oben geschilderten Standpunkt, so richtig er gegenwärtige Tendenzen diagnostizieren mag, eine Fuge zu erkennen, und zwar dort, wo davon die Rede ist, es müsse einen Maxwell geben, um das Teufelchen zu programmieren. Ich meine damit nicht die banale (und falsche) Auffassung, »hinter« jedem Programm stehe ein menschlicher Programmierer. Sondern ich meine damit, daß es nicht nur eine programmierte Entscheidung gibt, sondern auch eine Entscheidung, programmiert zu entscheiden. Hier taucht die oben erwähnte Gefahr auf, bei einer Verfolgung der Frage nach der Freiheit in den Abgrund des ewigen Regresses zu fallen. Ich will versuchen, dem auszuweichen.

Die Entscheidung, automatische Kritiker herzustellen, ist zunächst einmal eine Entscheidung, Informationserzeugung und Kritik deutlich zu trennen. In der vortelematischen Situation sind sie nämlich verschmolzen. Dort muß sich der Produzent entscheiden, welchen seiner »Einfälle« er ins dialogische Netz eingeben (publizieren) und welchen er zurückhalten will. Und diese Entscheidung ist nicht nur nach, sondern auch immer wieder während der Informationsproduktion zu treffen, etwa wenn ein Maler immer wieder vor dem im Entstehen begriffenen Bild zurücktritt, um es zu kritisieren. Es geht hier um eine Schizophrenie, um eine Spaltung des Bewußtseins, und sie kann in der telematischen Lage überwunden werden. Denn die Geste der Informationsproduktion kann dort auf Apparate abgewälzt werden, womit der Mensch frei wird, sich auf Kritik zu beschränken. Der Fotograf zum Beispiel kann den Erzeugungsprozeß dem blinden Fotoapparat überlassen und sich auf die Erarbeitung eines kritischen Filters konzentrieren, welches die so hergestellten Bilder zensiert oder durchläßt. Ein Beispiel ist Müller-Pohles Buch »Transformance«. Mit anderen Worten: Die Automatisierung der Erzeugung erlaubt zuerst einmal, alle Menschen zu Kritikern zu machen. Und betrachtet man das Tastendrücken von diesem Standpunkt, dann wird man darin »reine« Kritik, dieses von einer automatischen Funktion gefolgte Entscheiden, erkennen.

Zum zweiten stellt sich dann die Frage, wo im dialogischen Netz eine solche von Erzeugung befreite Kritik zu stehen hat. Soll sie vor der informationsprovozierenden Tastatur stehen oder vor dem Terminal des Empfängers, oder irgendwo auf dem Kanal zwischen beiden Terminals, oder schließlich an allen diesen Stellen? Es ist dies die Frage, die in der vortelematischen Lage als »innere« und »äußere« Kritik, als »Selbstzensur« und »Fremdzensur« und damit als eine Frage der Freiheit gestellt werden mußte. In der telematischen Lage wird sie zu einer technischen Frage. Was nämlich in der vortelematischen Lage die Frage so brennend machte, war ja, daß die »äußere Kritik«, die »Fremdzensur«, also jene Filter, die dort auf den Kanälen saßen, die Informationen nach Kriterien schieden, die mit denen der Selbstkritik und der Eigenzensur nicht in Deckung gebracht werden konnten. Und sie entschieden, was durchzulassen und was zu unterdrücken war. In der telematischen Lage sind aber die Kanäle reversibel. Wo alle Menschen Kritiker sind, sind sie zugleich Selbstkritiker und Kritiker aller anderen. Und erst aus dieser dialogischen Kritik entstehen dort überhaupt die Informationen. Kurz, wo immer dies technisch möglich ist, werden in der telematischen Lage Kritiker stehen.

Und damit erhebt sich die dritte Frage: Könnte man diese allerorts gegenwärtige Kritik nicht automatisieren, so daß es den Menschen erspart bliebe, jede einzelne im Netz laufende Information nach ihrem Informationsgehalt zu prüfen? Derartige Automaten würden den negativ entropischen Charakter aller Dialoge garantieren. Sie würden automatisch alles Redundante, alles leere Gerede, allen Kitsch nicht nur eliminieren, sondern aus dem Gedächtnis auslöschen, als wären diese Unfälle und Abfälle nie dagewesen. Das heißt: Diese automatischen Kritiker, die nach informatischen und logischen quantitativen Kriterien geeicht wären, würden die bisherige Funktion der Kritik in der Weise umkehren, daß nicht mehr durchgelassen wird, was informativ ist, sondern daß informativ ist, was durchgelassen wurde. (Daß diese Umkehrung der Funktion der Kritik bereits im Gange ist, können wir überall leicht konstatieren.) Und die Menschen wären dann frei, nur die »entscheidenden Entscheidungen« zu treffen, jene Metaentscheidungen nämlich, die sich auf die Programmierung der automatischen Kritiker beziehen. Das sind, so meine ich, die drei Schritte, die zu den sich bereits allerorts installierenden Maxwellschen Teufelchen führen. Es sind Schritte in Richtung einer immer größeren Freiheit.

Wir erkennen jetzt, daß diese Schritte in den Abgrund führen. Denn wo alle Kriterien quantifziert und »objektiv« sind, gibt es nichts mehr, worüber man sich »metaentscheiden« könnte. Gegen einen Computer, der sich entscheidet, eine Mondrakete in diese und nicht eine andere Bahn zu lenken, gibt es weder Gegenargumente noch die »Metaentscheidung«, ihn umzuprogrammieren. Und doch heißt das noch nicht, daß uns die automatischen Kritiker als entscheidende Wesen absetzen werden. Mit ihrer Installation wird sich nämlich eine neue, vorher nie dagewesene Entscheidungssituation einstellen. Denn da alle automatischen Kritiker sowohl untereinander als auch mit allen Menschen verbunden sein werden, werden nun alle Entscheidungen in Funktion aller übrigen Entscheidungen getroffen. Ich habe vor, diese »kybernetische« Entscheidungsmethode im folgenden Kapitel ins Auge zu fassen. Hier will ich nur die Hypothese vorschlagen, daß in einer derartigen »kybernetischen« Lage den menschlichen Intelligenzen notwendigerweise das Vetorecht zukommt. Denn nur sie, nicht aber die künstlichen Intelligenzen sind fähig, zu all dem »nein« zu sagen – nicht etwa, weil der Mensch all dies angestellt hat, sondern weil er all dies »transzendiert«, im Sinne von: fähig ist, daraus zu abstrahieren. (An diesem Punkt der Argumentation lehne ich ab, weiter in den Abgrund des unendlichen Regresses zu gehen.)

In der telematischen Gesellschaft werden wir als Hersteller und Kritiker von Informationen zwar Schritt für Schritt durch Automaten ersetzt werden, aber wir werden das Recht behalten, dazu »nein« zu sagen. Das negativ entropische Engagement des Menschen gegen die Natur wird sich automatisiert, nicht aber zwangsläufig auch von ihm autonomisiert haben. Zwar werden alle menschlichen Entscheidungen in Zukunft unnötig werden und, wo sie dennoch fallen, inoperativ oder störend wirken, aber sie werden immer, theoretisch in jedem Augenblick, der ganzen Sache Einhalt gebieten können. Und dieses Einhaltgebieten, dieses Vetorecht, dieses Recht zum Neinsagen ist eben jene negative Entscheidung, die wir »Freiheit« nennen.

Man soll die Negativität der grundlegenden Freiheit nicht verteufeln. Man soll sie nicht mit dem mephistophelischen Satz »Ich bin der Geist, der stets verneint« identifizieren. Wir sind frei, weil wir zu allem »nein« sagen und Selbstmord begehen können. Aber nicht der Selbstmord selbst ist Freiheit, sondern seine in jedem Augenblick offene Möglichkeit; nicht das stete Verneinen, sondern das stets verneinen können. Eben darum ist die Telematik eine Technik der Freiheit: weil sie uns Schritt für Schritt von allen Bedingungen emanzipiert, auch von der Notwendigkeit, entscheiden zu müssen, und uns dadurch immer mehr den Blick auf die fundamentale Freiheit öffnet, die Telematik selbst verneinen zu können. Mit dieser Offenheit können wir uns getrost auf das telematische Abenteuer einlassen. Denn wenn wir auch nicht Konsuln und Zensoren sein werden, Tribunen werden wir bleiben.

15. HERRSCHEN

Im Universum der technischen, telematisierten Bilder ist von Autor und Autorität keine Rede mehr. Beide sind durch Automation der Erzeugung, der Vervielfältigung, der Verteilung und der Entscheidung überflüssig geworden. Die Erlebnisse, das Verhalten, die Wünsche und die Erkenntnisse des einzelnen und der Gesellschaft werden in diesem Universum von den Bildern beherrscht sein, womit sich die Frage stellt: Welche Bedeutung hat der Begriff »herrschen« in einer Lage, wo keine Entscheidungen mehr getroffen werden müssen und wo alles automatisch administriert wird? Hat es in der telematischen Gesellschaft noch einen Sinn, von einer Regierung, von Macht und von Machthabern zu sprechen? Ich werde die Antwort von der Etymologie her versuchen, also von den Wurzeln jener Sprachen her, in denen unsere jahrtausendelange Erfahrung aufbewahrt ist.

Man stößt bei einem solchen Versuch zunächst auf ein seltsames Wortpaar, nämlich »government–Regierung«. Das Wort »government« ist griechischen Ursprungs, es kommt vom Verbum »kybernein«, welches »lenken« bedeutet und in »Kybernetik« wiederzuerkennen ist. Das Wort »Regierung« ist lateinisch-etruskischen Ursprungs, es kommt vom Substantiv »rex«, welches »König« bedeutet, und dessen Stamm das uralte »rg« ist, welches »rechts« bedeutet. Auf den ersten Blick hat also »government« mit Lenkung, Steuerung, Steuereinnahmen zu tun und »Regierung« mit Rechtsprechung und mit Einrichtungen. Das Gegenteil von »government« wäre ein ruderloses Schiff, das auf den Wellen im Wind treibt (vom Zufall gelenkt wird), und das Gegenteil von »Regierung« wäre Rechtlosigkeit und Unrecht (das Chaos des Zufalls). Da demnach beide Begriffe etwas dem Zufall Widersprechendes bedeuten, werden sie in den Wörterbüchern als Übersetzung des einen ins andere angesehen. Tatsächlich aber heißt »government« »lenken« und »Regierung« »richten«, so daß Ausdrücke wie »rechtes government« oder »linke Regierung« von der Art »eckiger Kreis« sind. Man kann eben den Zufall von zwei Seiten angehen.

Das deutsche Wort »Macht« kommt vom Verbum »mögen«, dessen anderes Substantiv das Wort »Möglichkeit« ist. Das englische »power« stammt vom lateinischen Verbum »posse«, welches »können« bedeutet. Ebenso kommen das französische »pouvoir« und das portugiesische »poder« von »posse«, nur sind es substantivierte Verba und müßten eigentlich ins Deutsche mit »das Können« übersetzt werden. Das Deutsche kennt jedoch ein Substantivum von »können«, nämlich »Kunst«, so daß »pouvoir« statt mit »Macht« mit »Kunst« übersetzt werden sollte. Wir sind mit all diesen Begriffen auf einer Seinsebene, wo Möglichkeiten zwischen Wahrscheinlichem und Unwahrscheinlichem schwanken und wo dank Kunst aus Wahrscheinlichem Unwahrscheinliches wird. Demnach bedeutet »Macht« jene Kunst, welche unwahrscheinliche Zufälle ausbeutet, um zu informieren.

Das deutsche »herrschen« kommt von »Herr«, was »höher« bedeutet. Diese Obrigkeitsbedeutung ist im englischen »domination« tiefer verborgen. Es kommt vom lateinischen »domus« = Haus und meint das Unterordnen, das Zähmen, das Domestizieren der Natur durch den »dominus« = Hausherr. Die Hausordnung muß als ein Gestell angesehen werden, in dessen Fächer (»leges« = Gesetze) der Hausherr (der römische Bauer) die Feldfrüchte ordnet. »Herrschen« bedeutet demnach, eine Rangordnung aufzustellen, deren Funktion es ist, dem herrenlosen Chaos, diesem »no man's land« von Welt eine Form zu geben. Herrschen heißt: Form aufsetzen, informieren.

Der Exkurs in die Etymologie hat, wie zu vermuten war, gezeigt, daß alle betrachteten Begriffe – government, Regierung, Macht, power, herrschen und Domestikation – einen gemeinsamen Bedeutungskern haben. Sie bedeuten nämlich im Kern durchweg ein Engagement gegen das Chaos des Zufalls (gegen die Anarchie) und für das Informieren. Sie zeigen alle, in ihrem Kern, daß Politik eine Kunst ist, wenn man unter »Kunst« jene Methode versteht, auf Unförmiges Formen zu drücken. Alle Begriffe sind, in ihrem Kern, »informatische« Begriffe, und es zeigt sich, daß sie ihre eigentliche Bedeutung erst völlig in der telematischen Gesellschaft gewinnen werden. Denn sind die technischen Bilder nicht gerade ein derartiges Aufdrücken von Formen auf das Unförmige?

Die Frage, wie die politische Struktur der telematischen Gesellschaft aussehen wird, oder ob es dort eine Regierung, eine Macht geben wird, gewinnt nun eine andere Färbung. Sieht man nämlich ein, daß Politik in ihrem Kern eine Kunst ist, zu informieren, dann muß diese Frage nicht auf ein Etwas, sondern auf ein Wie zeigen. »Wie wird in der telematischen Gesellschaft regiert, machtgehabt, geherrscht werden?« Um die selbstverständliche Antwort vorwegzunehmen: »kybernetisch«. Wobei ich »Kybernetik« – ohne Anspruch auf allgemeine Gültigkeit – so definiere: automatische Lenkung und Steuerung von komplexen Systemen, um unwahrscheinliche Zufälle auszubeuten und Informationen herzustellen.

Die Tatsache, daß wir einer kybernetisch gesteuerten Gesellschaft entgegeneilen, ja daß sich die Gesellschaft bereits jetzt in eine kybernetisch gesteuerte zu verwandeln ansetzt, ist überall zu ersehen. Es ist nicht zu bezweifeln, daß die Struktur der emportauchenden Gesellschaft immer mehr der des Gehirns ähnelt. Dies legt die Vorstellung nahe, die technischen Bilder als eine Art von Sekretionen eines kosmischen Nervensystems anzusehen, als eine Art von Träumen eines Supergehirns. Und die Sekretionen, die Träume können als kybernetische Steuerung der Gehirnfunktionen aufgefaßt werden. Kurz, die Vorstellung, die sich hier aufdrängt, ist die eines träumenden kosmischen Gehirns, das kybernetisch von technischen Bildern gesteuert wird. Das wäre eine Metapher für die telematische Gesellschaft, und sie wäre nicht einmal so metaphorisch, wie es auf den ersten Blick aussieht.

Ich habe jetzt vor, mich in die Herrschaft der Bilder vom Standpunkt der künftigen telematisierten Menschen vorwegnehmend einzuleben, diese Herrschaft existentiell auszukosten. Ich befinde mich also mitten im Universum der technischen Bilder und nicht, wie bei den bisherigen Überlegungen, am Eingang zu diesem Universum. Ich sitze an meinem Terminal, empfange Informationen in Form von elektronischen Bildern, und ich manipuliere sie dank Tastendruck, um sie verändert weiterzugeben. Ich kann also weder rechts noch links, weder nach oben noch nach unten schauen, um mein Universum zu sehen. Das auf dem Monitor erstrahlende Bild beherrscht mich. Aber ich habe ein derartiges Herumschauen auch gar nicht nötig, denn was immer ich zu sehen wünsche, kann mir mein Terminal sichtbar machen.

Drücke ich zum Beispiel auf bestimmte Tasten, so wird mir alle Vergangenheit zur Gegenwart gemacht: Ich kann bei der Gründung Roms, bei der Entdeckung Amerikas oder bei den Öfen von Auschwitz dabei sein. Zwar weiß ich, daß ich Videoplatten und nicht das Ereignis selbst sehe, aber ich weiß auch, daß ich es weit konkreter sehe, als dies früher aus Geschichtsbüchern der Fall war. Denn wenn ich mit einem gesehenen Ereignis nicht einverstanden bin, brauche ich nur auf einige weitere Tasten zu drücken, um es zu verändern: Statt von Kolumbus lasse ich Amerika von Platon entdecken. Denn es gibt ja keine Geschichte mehr, es gibt nur noch eine im Gedächtnis verfügbare und also gegenwärtig gewordene Vergangenheit.

Drücke ich nun auf andere Tasten, so erscheinen auf dem Bildschirm alle Modelle, die diese gegenwärtige Vergangenheit oder vergangene Gegenwart »erklären« – alle je aufgestellten Mythen und alle je erdachten wissenschaftlichen Modelle, von der aristotelischen bis zur modernen Physik, von Demokrit bis Marx, von Sokrates bis Freud. All diese Modelle werde ich durch entsprechenden Tastendruck miteinander komputieren können, um zu sehen, wie weit sie sich decken oder einander widersprechen. Zum Beispiel kann ich ein »katholisch-freudianisch-marxistisches« Modell aufstellen und dabei selbstredend auch eigene Informationselemente einbauen. Dank meiner Einbildungskraft kann ich mit allen Theorien spielen.

Und ich kann nun auch, nach entsprechendem Tastendruck, alles Gegenwärtige, sei es Ereignis oder Theorie, in die Zukunft projizieren und so auch diese gegenwärtig machen. Die hinter meinem Terminal befindliche künstliche Intelligenz hat Wahrscheinlichkeitsrechnung im Programm; sie kann Auschwitz ins 30. Jahrhundert verlegen und Freud in alle ihm impliziten Modelle futurisieren. Alle diese Möglichkeiten können mir auf dem Bildschirm gegenwärtig gemacht werden. Und ich selbst kann, wenn ich nur die entsprechenden Tasten drücke, auf diese Zukunft durch Einfügen eigener Informationsbits Einfluß nehmen. Denn es gibt ja keine Zukunft mehr, wo alles zu Gegenwart geworden ist. Was einmal Zukunft war, sind jetzt gegenwärtige Spielmöglichkeiten.

Alle Informationen stehen mir zur augenblicklichen Verfügung. Ich kann, bei entsprechendem Tastendruck, die Kathedrale von Reims mit dem Lincoln Center zusammenmischen und hieraus neue Informationen synthetisieren. Oder ich kann die von Jesus verwendeten Gleichnisse in Bilder übersetzen und sie mit Bachschen Kantaten zur Deckung bringen. Kurz, das ganze Universum steht mir an meinem Terminal als eine gigantische Spielwiese bereit.

Aber so faszinierend ein solches Spielen auch sein mag, es ist nur eine Randerscheinung des von mir bewohnten Universums. Ich kann nämlich, bei entsprechendem Tastendruck, nie zuvor Begriffenes begreifen und ersehen und nie zuvor Gesehenes ersehen und begreifen. Die künstliche Intelligenz hinter meinem Terminal ist darauf programmiert, Begriffe anschaulich zu machen, zum Beispiel fraktale Gleichungen oder den Begriff des dialektischen Materialismus. Und ebenso kann sie Vorstellungen in Begriffe zerlegen, zum Beispiel ein Tennismatch in Gleichungen der Dynamik oder einen Mythos der Bororo-Indianer in logische Propositionen. Ich kann »unmögliche« Phänomene, wie die Deckung der rechten mit der linken Hand oder eine Bewegung auf dem Möbiusschen Band, an meinem Bildschirm aufleuchten lassen. Und ich kann mit all diesem noch nie Dagewesenen, mit all diesen unwahrscheinlichen Möglichkeiten spielen und dadurch mein Universum erweitern.

Obwohl mich dieser schöpferische Akt, Unsichtbares sichtbar und Unerhörtes hörbar zu machen, berauscht, bin ich doch noch nicht zum Kern meines Universums vorgedrungen. Denn ich weiß, daß hinter meinem Terminal und den aus ihm strömenden Fäden andere sitzen. Ich weiß dies, weil auf meinem Terminal, wenn ich auf bestimmte Tasten drücke, Botschaften anderer erscheinen, Rundschreiben in Form von Bildern, die unter anderem auch an mich adressiert sind. Und wenn ich will, kann ich das Bild des anderen Einbildners selbst nach entsprechendem Tastendruck auf meinem Terminal aufleuchten lassen – wenn ich will, und wenn er will. Und er kann seinerseits, wenn er will, das Bild meiner selbst auf seinem Terminal aufleuchten lassen – wenn er will, und wenn ich will. Wir wissen voneinander, und wir einigen uns dialogisch. Und »wir«, das heißt theoretisch: alle Menschen.

Durch dieses gegenseitige Erkennen und Anerkennen aller anderen gewinnt mein Spiel mit den Bildern einen ganz spezifischen Charakter, nämlich den eines Gesellschaftsspiels, bei welchem jede meiner Bildveränderungen Antwort ist auf eine mir gestellte Frage und zugleich Aufforderung an alle anderen, weiterverändert und als neue Frage an mich zurückgegeben zu werden. Bei diesem verantwortungsvollen Wechselspiel ist daher das Konkrete nicht, was zu sehen ist, sondern von wem an wen es gerichtet wird. Wenn ich mit Bildern spiele, so nicht um Sosein, sondern um Mitsein zu spielen.

All dies geht mit Lichtgeschwindigkeit vor sich. Das heißt einerseits, daß alles aufscheint, um sogleich wieder zu verschwinden, und andererseits, daß alles aus einem unvergänglichen Gedächtnis emportaucht, um darin verändert wieder einzutauchen. Dank der Lichtgeschwindigkeit ist alle Zeit (Vergangenheit, Gegenwart, Zukunft) auf den Augenblick des Aufflammens am Bildschirm, auf den Punkt »jetzt« zusammengerafft worden. Aber es bedeutet zugleich, daß alle Menschen, wo immer sie sein mögen, augenblicklich bei mir sind, und daß ich selbst augenblicklich überall auf der Welt sein kann. Dank der Lichtgeschwindigkeit ist aller Raum (Wirklichkeit, Möglichkeit, Unmöglichkeit) auf die Fläche des Bildschirms, auf den Punkt »hier« zusammengerafft worden. Alles ist hier und jetzt, und ich kann hier und jetzt alles verändern. Und alle anderen sind hier und jetzt bei mir. Mein Universum ist ein raum- und zeitloser, konkreter Punkt des schöpferischen Mitseins mit allen anderen.

Was ich hier in Worte zu fassen versucht habe, ist eine zugleich fieberhaft tätige und leidenschaftliche Stimmung, etwas wie eine Synthese jener Stimmungen, wie sie beim künstlerischen und wissenschaftlichen Schaffen, im politischen Engagement, auf revolutionären Massenkundgebungen, beim Schach und beim Roulette, an der Börse und in libidinösen Träumen mitschwingen. Eine Stimmung freilich, die nicht wie beim Orgasmus sich steigert, um abzuflauen, sondern die den orgastischen Höhepunkt ohne Unterbrechung, das ganze Leben lang, aufrechterhält. Denn diese Stimmung ist nicht körperlich, sondern zerebral. Ein ununterbrochener zerebraler Orgasmus: das ist die Form, in der die Bilder die telematische Gesellschaft steuern werden.

Ich gestehe: Ich bin von Grauen erfaßt, jetzt, da ich wieder heraustauche aus dem emportauchenden Universum. Gott sei dank, daß ich es nicht mehr erleben werde. Aber ich weiß: Dieses Grauen ist zu bekämpfen. Es ist das archaische Grauen des Säugetiers Mensch, das jedesmal aufkommt, wenn ein Schritt aus der Säugetierbedingung in Richtung Zerebralisierung getan wird. Gelingt es mir, mein Grauen zu überwinden, dann erkenne ich, was mich so entsetzt hat, nämlich die »reine Ästhetik« unter der Herrschaft der Bilder. Alle Ethik, alle Ontologie, alle Epistemologie werden aus den Bildern ausgeschieden sein, und es wird sinnlos sein zu fragen, ob sie gut oder böse sind, echt oder künstlich, wahr oder falsch, oder gar, was sie bedeuten. Zu fragen ist nur mehr, was ich an ihnen erlebe (»aistheton« = Erlebnis). Und bei Erlebnissen, bei »reiner Ästhetik«, fällt die Unterscheidung zwischen Aktion und Passion, zwischen Handeln und Dulden unter den Tisch, denn Erleben ist aktiv und leidenschaftlich zugleich. Ein »kybernetisches Feedback« zwischen Tun und Erleiden kennzeichnet Erlebnisse, und dieses Feedback ist die Methode der Herrschaft der Bilder.

In den modernen Sprachen wird zwischen der aktiven und der passiven Form scharf unterschieden. »Ich weide Schafe« und »Schafe werden von mir geweidet« beleuchtet die gleiche Situation von zwei entgegengesetzten Polen aus, und »Schafe weiden mich« bedeutet eine Situation, in der sich die Faktoren umgekehrt wie in der ersten verhalten. In den alten indogermanischen und semitischen Sprachen gibt es jedoch Formen (zum Beispiel das griechische Aorist), die etwa in dem Ausdruck »Es gibt ein Weiden meiner selbst und von Schafen« wiedergegeben werden können. Ich stelle mir vor, daß die Bilder die telematische Gesellschaft nach dieser Methode steuern werden und sich im emportauchenden neuen Bewußtsein die Unterscheidung zwischen aktiv und passiv zugunsten funktionaler Propositionen aufheben wird.

Die Funktion f(x,y) kann zum Beispiel in der Weise interpretiert werden: »Kamera und Fotograf sind Fotografiefunktionen.« Ich schlage vor, daß die Frage »Wie werden die Bilder die telematische Gesellschaft beherrschen?« nur diese Antwort gestattet: »Bilder und Gesellschaft sind Einbildungsfunktionen.« Das – wie ich oben sagte – »Entsetzliche« an dieser adäquaten Formulierung ist, daß dabei alle politischen Kategorien über den Haufen geworfen werden. Auf der emportauchenden funktionalen, kybernetischen Bewußtseinsebene wird alles historische, politische Denken, angefangen mit dem Judenchristentum bis über den Marxismus hinaus, als der telematischen Situation unangemessen aufgegeben. Denn dort ist nicht mehr zu unterscheiden zwischen Aktion und Passion, zwischen Regierenden und Regierten, zwischen Herrschern und Beherrschten. Alles ist dort Funktion aller übrigen Funktionen, und »Herrschaft« also ein Ineinandergreifen dieser Funktionen. Wiederum kann uns hier das Gehirn als Modell dienen: Im Gehirn herrscht das kybernetische Zusammenspiel aller Zellen und aller zwischen den Zellen ablaufenden Prozesse. So beherrscht uns das Gehirn, und so beherrschen wir es.

Ich will, um die Lage existentiell näherzubringen, das Modell »Gehirn« durch das Modell »Ameisenhaufen« ersetzen, denn der Ameisenhaufen kann als ein aus einzelnen Ameisenhirnen mosaikartig zusammengesetztes Übergehirn angesehen werden. Da Insekten keine Säugetiergröße erreichen können (sie müssen beim Wachsen periodisch ihren Chitinpanzer abwerfen und würden im ungepanzerten Zustand bei Säugetiergröße von der Schwerkraft zerdrückt werden), müssen sie Supergehirne wie Ameisenhaufen bilden, um eine mit der menschlichen vergleichbare Gehirngröße zu erreichen. Entsprechend diesem Modell ist die telematische Gesellschaft eine Struktur, in welcher sich die menschlichen Gehirne auf die gleiche kybernetische Methode wie die Ameisenhirne im Ameisenhaufen verhalten. Sie funktionieren das eine für das andere (»Mitsein«), und was herrscht, ist eben das Funktionieren.

Aber die Ameisenmetapher (so sehr sie manche Kulturkritiker mögen) hat Grenzen. Denn es gibt für die telematische Gesellschaft, anders als für den Ameisenhaufen, kein »draußen«, in Funktion dessen sie etwa funktionieren könnte. Es ist eine kosmische, universale und daher in sich gewandte Gesellschaft. Die Bilder sind nicht ihre »äußeren«, sondern ihre »inneren« Sekretionen. Was in ihr vorgeht, sind »reine Beziehungen«, Hirngespinste, Träume eines kosmischen Übergehirns. »Reine Ästhetik«. Kunst ist an die Stelle der Politik getreten, oder: Die Kunst übernimmt die Herrschaft.

Das alles hat Zerebralcharakter, den Charakter eines zerebralen Orgasmus. So wie sich bei den Ameisen alles aufs Gehirn und auf die Antennen konzentriert und der übrige Körper nur eine Art Darmfortsatz bildet, konzentriert sich beim telematisierten Menschen alles aufs Gehirn und auf die Fingerspitzen. Und da alles zerebral ist, ist es von einer nicht zu sättigenden Gier nach immer neuen Informationen, nach immer neuen Abenteuern gekennzeichnt. Die zerebrale Neugier ist unersättlich. Und der Zerebralorgasmus kann, da kaum noch körperlich, nie erschlaffen. Das gilt es nun näher zu untersuchen.

16. SCHRUMPFEN

Die telematische Gesellschaft als eigenartiger Ameisenhaufen: Ameisenhaufen, weil ein mosaikartiges Gebilde, in dem alle Funktionen kybernetisch zusammenspielen; und eigenartig, weil die telematischen Ameisen nicht arbeiten werden, sondern, jede in ihrer Zelle sitzend, Hirngespinste, technische Bilder, »reine Kunst« spinnen werden. Es werden Gehirne sein, die miteinander und mit künstlichen Gehirnen zu einem Träume sekretierenden Übergehirn gekoppelt sind. Und doch werden an diesen Gehirnen archaischerweise Körper hängen: nach Nahrung, nach Fortpflanzung und nach dem Tod verlangende Körper. Spielverderber.

Diese Körper, diese Spielverderber, diese vortelematischen Teilnehmer am telematischen Spiel werden, da nicht völlig eliminierbar, gegen den Horizont des Blickfelds gedrängt werden müssen, gegen den Rücken der auf Bildschirme starrenden Spieler. Und diese Berücksichtigung der Körper, diese Rücksicht auf sie, diese Sicht zurück auf vortelematische Zustände wird sie immer kleiner, immer uninteressanter erscheinen lassen. Sie werden schrumpfen. Die Atrophie alles Körperlichen, alles Voluminösen ist bereits im Gange, und ich will sie ins Auge fassen.

Im letzten Stadium der Moderne konnte man die Tendenz zum Riesigwerden erkennen. Alles, von Maschinen bis zu Imperien, von Sportrekorden bis zu Ansprüchen wuchs ins Riesenhafte. Gegenwärtig können wir, als Reaktion darauf, die emportauchende umgekehrte Tendenz zum Winzigen erkennen. Etwa wie die emportauchenden kleinen Säugetiere als Reaktion auf die riesigen Saurier angesehen werden können. Schon in der späten Moderne, zu Anfang dieses Jahrhunderts, begann das Winzige, das Atom, das Quantum, der Kalkül zu faszinieren. Man sah darin ungeahnte Hoffnungen und lauernde Gefahren. Man begann zu erkennen, daß der Begriff »enorm« (= außerhalb der menschlichen Größenordnung) nicht nur im Großen, sondern auch im Kleinen gilt, und daß ein Atomkern enormer sein kann als eine Galaxie. Diese Umkehrung der Einstellung vom Wachsen weg und zum Schrumpfen hin kann bereits jetzt allerorts beobachtet werden. »Small is beautiful« oder »less is more« sind Schlagworte, die diese Umkehrung artikulieren. Und wenn wir das Ende erwarten, dann nicht mehr in Form von »Tuba mirum spargit sonum«, sondern in Form von »This is the way the world ends, not with a bang but a whimper«.

Alles wird zusehends kleiner. Nur die Unterentwickelten wollen noch wachsen, vermutlich um später schrumpfen zu können. Vor allem die Apparate, diese Zentralpunkte der Gegenwart, werden immer kleiner, billiger und neigen dazu, ins unsichtbar Kleine geschrumpft kostenlos geliefert zu werden. Das emportauchende telematische Supergehirn wird »enorm« sein, weil es ein Mosaik sein wird, das aus lauter winzigen Steinchen zusammengesetzt ist.

Vorläufig versucht man, dieses Schrumpfen aller Volumina von der Vergangenheit her als eine »Krise des Wachstums« zu rationalisieren. Etwa mit Argumenten wie »Erschöpfung der Rohstoff- und Energiequellen« oder »Umweltverschmutzung«. Tatsächlich aber geht die Sache tiefer. Es geht um eine bereits im Gange befindliche Umkehrung des existentiellen Interesses. Körper werden immer uninteressanter, und körperlose, substanzlose, unterlagenlose Informationen immer interessanter. Daher: Je kleiner ein Körper, desto besser. Er stört weniger, er kann verachtet werden. Ein Personal Computer ist besser als ein Univac, ein alter Käfer besser als ein neuer Audi, ein schäbiger Wohnwagen in Arizona besser als ein Loireschloß, ein Fast-food-lunch besser als ein Mahl von zehn Gängen. Je verächtlicher, desto besser. Alles was groß ist, stört und wird, weil es groß ist, verachtet. Vor allem alle großen Systeme, inklusive der hier vorgeschlagenen panoramischen Sicht der Gesellschaft der Zukunft. Die telematischen Menschen, diese ameisenartigen Zwerge, werden davon angeekelt.

(Von diesem Standpunkt aus kann übrigens der Sieg der Bilder über die Texte neu eingesehen werden. Im Bild drängen sich zahllos viele Linien in eine Fläche, deshalb kann ein kleines Bild mehr Informationen tragen als dicke Bücherbände. Das Bild siegt über den Text, weil es weniger ekelhaft ist als massige Reihen von fettleibigen

Büchern.) Das heißt: Der vorliegende Text richtet sich nicht an telematisierte Ameisen, sondern an vortelematische Säugetiere, weil er erstens panoramisch ist und zweitens ein Text.

Diese Verachtung der Größe, der Körper und des eigenen Körpers hat verschiedene Wurzeln. Die eine ist, wie gesagt, die Reaktion auf die vorangegangene Elefantiasis: Die riesigen Monumente drohten, die Menschen unter sich zu zerdrücken. Eine andere ist das Überflüssigwerden der Großen Männer. Eine dritte soll jetzt erwähnt werden, bevor die Hauptwurzel, nämlich die Faszination des Winzigen, ins Auge gefaßt wird. Ich meine die sogenannte »sexuelle Revolution« oder »Befreiung des Geschlechts«. Es geht im Grunde um die Technik, die Libido von der Fortpflanzung abzulösen, den Sex von der Biologie zu befreien. Die Entwicklung geht nicht nur in Richtung Geburtenkontrolle, sondern zu automatisierter Fortpflanzung mittels Apparaten wie Samen- und Eierbanken und Inkubatoren. Der Geschlechtsakt soll nur noch dem Orgasmus dienen. Die erste und harmlose Folge ist die Befreiung der Frau vom Fluch des Gebärenmüssens. Aber die zweite sich bereits anbahnende Folge ist die Entdeckung, daß der Orgasmus nicht im Geschlechtsorgan, sondern im Gehirn seinen Sitz hat. Die tatsächlich befreite Libido ist eine nicht von der Fortpflanzung, sondern vom Körperlichen schlechthin befreite. Dies führt zur Verachtung zuerst des Geschlechts im anderen und dann des eigenen Geschlechts, und damit zur Verachtung des eigenen Körpers, wie wir sie an Hippies zum erstenmal beobachten konnten und wie sie gegenwärtig unter sonderbaren Masken überall zu ersehen ist. Zum Beispiel ist die Frauenbewegung nicht eine Bewegung zu einer gerechten Verteilung der beiden Geschlechter, sondern eine Verachtung des sexuellen Unterschiedes, und »Black is beautiful« ist nicht eine Bewegung zu einer Gleichsetzung aller Rassen, sondern eine Verachtung aller körperlichen Unterschiede. Kurz: Da der Körper verachtet wird, sind alle biologischen Kriterien uninteressant geworden.

Im Grunde jedoch ist die gegenwärtig einsetzende Verachtung für Körpergröße, für Körper überhaupt, für Größe überhaupt, ein Zurückschreiten, ein Abstandnehmen, eine Ironie allen vorangegangenen Interessen gegenüber. Größe und Körper sind lächerlich, unappetitlich, unwürdig (nämlich: keines Interesses würdig). Was jetzt interessiert, ist das Kalkulieren und Komputieren von Winzigem, um daraus Informationen herzustellen. Es geht um eine Umkehrung des Interessenvektors.

Derartige Umkehrungen sind in der Vergangenheit verschiedentlich zu beobachten: Es sind seltene Ereignisse, und sie führen zu einer Verwandlung sowohl des Daseins als auch der Welt, in welcher es da ist. Ortega hält sie für ein Emportauchen eines neuen »Glaubens« (creencia), und er unterscheidet scharf zwischen dem Interessenfeld (»Glauben«), das »uns hat«, und den einzelnen Interessen (»Ideen«, »Meinungen«, »Kenntnissen« usw.), die »wir haben«. Ich will zwei Beispiele für Umkehrungen des Interessenvektors in der Vergangenheit geben. Im 2. und 3. Jahrhundert begann man, plötzlich, alles vorher Interessante zu verachten (zum Beispiel das Römische Reich oder die griechische Philosophie) und sich für etwas Neues zu interessieren. In den Worten Augustins: »Deum atque animam cognoscere cupisco. Nihil-ne plus? Nihil.« (Gott und die Seele will ich erkennen. Sonst nichts? Nichts). Nicht etwa, daß das vorher Interessante aus dem Blickfeld verschwunden wäre. Aber es schrumpfte und wurde vom neuen Interessenfeld aufgesogen und verändert. Das Reich zum Beispiel wurde christlich, und die Philosophie wurde der Theologie untergeordnet. Das zweite Beispiel: Im 15. Jahrhundert begann man, plötzlich, alles vorher Interessante zu verachten (zum Beispiel die scholastischen Spekulationen) und sich für etwas Neues, nämlich für »Natur und Geist« zu interessieren. In den Worten Kolumbus': »Gratias tibi ago, Domine, vidi rem novam« (Gott sei Dank habe ich etwas Neues gesehen). Nicht etwa, daß das vorher Interessante aus dem Blickfeld verschwunden wäre. Aber es schrumpfte und wurde vom neuen Interessenfeld aufgesogen. Der scholastische Universalienstreit zum Beispiel wurde in empirische und rationalistische wissenschaftliche Erkenntnistheorien umgearbeitet und diente den Entdeckungen und Erfindungen, der Technik, der Unterwerfung der Natur unter den Geist des erkennenden Menschen.

Ich habe diese Beispiele angeführt, um die gegenwärtige Umkehrung des Interessenvektors (das, was ich andernorts »Emportauchen einer neuen Bewußtseinsebene« nannte) in Perspektive zu rücken. Ich meine: Das neue Interessenfeld, dieses aufs Winzige, auf Kalkulieren und Komputieren konzentrierte, beginnt »uns zu haben«. Laut Ortega wird es zu unserem Glauben. Wissenschaft und Technik hingegen, an die wir vorher »glaubten«, werden uns nicht mehr haben, sondern wir werden sie haben. Sie werden nicht etwa verschwinden, sondern sie werden von diesem unserem neuen »Glauben« aufgesogen werden. Wir werden uns ihrer im Dienst unseres neuen »Glaubens« bedienen. Sie werden dem Kalkulieren und Komputieren von Bildern dienen, an die wir jetzt »glauben« (die »uns jetzt haben«). In diesem Sinne werden Wissenschaft und Technik existentiell schrumpfen, wenngleich sie zweifellos als Methoden sich ungeahnt ausweiten werden: Sie werden vom neuen Interessenfeld aufgesogen werden. Wir werden nicht mehr »unter« Wissenschaft und Technik stehen (in der »Superstition«), sondern Wissenschaft und Technik werden »unter« uns wachsen. Die Superstition, der Aberglaube, wird von nun an in den Bildern sein, die »über« uns wachsen werden. Dadurch werden sich Wissenschaft und Technik verändern: Sie werden dem Komputieren von Bildern untergeordnet sein.

Ich sprach zu Eingang dieses Essays vom Zerfall der Linien in Punktelemente, der Prozesse in Quanten. Ich sprach, im ortegischen Sinn, vom Zerfall eines »Glaubens«. Jetzt beginnt sich unser Interesse auf die Punkte zu konzentrieren, während die Körper und alles daraus Abstrahierte (die Flächen, die Linien) gegen den Horizont unseres Interesses rücken. Wir kalkulieren und komputieren die Punkte mit Hilfe von Apparaten, um mosaikartige Bilder aus ihnen zu machen. Diese Bilder interessieren uns. »Nihil-ne plus? Nihil.« Eine neue Einbildungskraft taucht damit in uns und um uns empor, und aus ihr wiederum das Universum der technischen Bilder.

Am Rand dieses Universums, dieses Interessenfeldes, läuft alles Vorangegangene weiter. Wissenschaft, Technik, Politik, kurz: Geschichte. Und viele von uns werden sich noch lange dafür interessieren. Aber dieses Interesse selbst ereignet sich von nun ab im Interessenfeld der technischen Bilder, so wie sich noch lange nach der Renaissance (und bis heute) viele für das Christentum interessieren und sich dieses Interesse im Interessenfeld der Moderne völlig verändert hat (die Reformation zum Beispiel). Die Wissenschaft, Technik, Politik (kurz: Geschichte) werden sich so verändern, daß sie diese Namen nicht mehr verdienen. Sie werden dem Spiel der Einbildungskraft dienen.

Ich will ein Beispiel für dieses Schrumpfen und Verändern der Wissenschaft im neuen Interessenfeld geben, nämlich das Universum des physikalischen Diskurses. Aus einem unendlichen und ewigen dreidimensionalen Gestell, in welchem Körper entlang einer linearen Zeit von der Vergangenheit in die Zukunft strömen, einer Zeit, die ebenfalls unendlich und ewig ist, schrumpft dieses Universum zu einer Art endlichem und vergänglichem Ballon, der in die vierte Dimension gerunzelt ist und in dessen Runzeln sich Möglichkeiten konzentrieren, die als ein sich ausdehnender, leerer Körper angesehen werden können. Ein solches Universum hat nichts Konkretes an sich; es ist kalkulierbar und komputierbar. Und nicht nur das Universum, auch der physikalische Diskurs selbst ist kalkulierbar und komputierbar. Es ist ihm kein »Glauben« zu schenken, sondern die Einbildungskraft kann damit spielen. Das physikalische Universum und der physikalische Diskurs können als Bilder an Terminals eingebildet werden.

Daß wir die Körper, inklusive unserer eigenen, zu verachten beginnen, und daß wir auf Punkte, inklusive unserer Fingerspitzen, zu achten beginnen, daß wir unser Interesse von unseren Bäuchen und Geschlechtsorganen einerseits und von den Volumina um uns herum andererseits auf unsere einbildenden Antennen verschieben, das ist das Zerebrale an der emportauchenden Gesellschaft. Ich griff an einer vorangegangenen Stelle in diesem Essay zum Bild eines Unterseebootes, das durch eine Eisdecke emportaucht. Das neue Interesse – und damit das Universum der technischen Bilder – bricht wie ein Eisbrecher empor, und alles vorher Interessante rollt wie Schollen auseinander und dem Horizont des Interesses entgegen. Daher kann man die Emergenz der Einbildungskraft als eine Verneinung alles vorher Interessierenden ansehen. Als ein ironisches Verachten alles vorher

Geachteten. Und wenn das Neinsagen ein Merkmal der Freiheit ist, dann kann man von der emportauchenden Zerebralisierung behaupten, daß sie uns vom Körperlichen befreit.

Allerdings werden die derart verneinten Körper zwar schrumpfen und sich verändern, aber unter der Verneinung noch nicht verschwinden. Die menschlichen Säugetierkörper werden noch immer, wenn auch vielleicht minimal, ernährt werden müssen. Sie werden, wenn auch vielleicht anders als gegenwärtig (graduell, zum gewählten Augenblick und schmerzlos), sterben müssen. Und daher werden sie, wenn auch vielleicht minimal, vermehrt werden müssen. Das heißt: Es wird auch in der telematischen Gesellschaft so etwas wie eine »ökonomische Infrastruktur« geben müssen. Denn man wird ja wohl diesen nicht ganz zu leugnenden Körpern andere Körper (zum Beispiel Nahrungsmittel) zuführen müssen. So uninteressant dies auch für telematisierte Menschen sein mag, so interessant ist für uns vortelematische Säugetiere die Frage nach der wirtschaftlichen Struktur der emportauchenden Gesellschaft. Denn es ist für uns die Frage nach dem Leiden und Sterben des Körpers. Ich habe jedoch vor, diese sich hier aufdrängende Frage auszuklammern, um sie im nächsten Kapitel ins Auge zu fassen. Hier will ich dieses neue Verneinen der Körper und das darauf folgende Schrumpfen von der Seite des Neinsagens her noch einmal betrachten.

Wie immer man den Menschen im Verhältnis zu den übrigen Lebewesen definieren mag (ob als erworbene Informationen speichernd, ob als Entropie verneinend, ob als ein »denkendes«, »geistiges« oder ein »beseeltes« Wesen), man wird immer ein Lebewesen in ihm sehen, welches seine körperliche, organische, biologische Bedingung zu überholen versucht, um immer zerebraler, »denkender«, »geistiger« zu werden. Also ein Lebewesen, welches versucht, seinen Körper zu mißachten und zu verachten, und mit seinem Körper überhaupt alles Voluminöse. In der Gegenwart nun erreicht dieses Zurückweisen alles Körperlichen, alles Massigen und Massiven eine neue Stufe. Wir werden zusehends weniger massig, und auch unsere Kultureme verlieren an Masse. Der Schlankheitskult, die Kleinfamilie, die Pressuregroups, die terroristischen Kleingruppen, die Hochöfen im Hinterhof, die Windmühlen statt Atomkraftwerken, das Do-it-yourself in Garagenwinkeln können dafür als Beispiele dienen. Es ist aber wichtig, diese neue Stufe der Verachtung alles Körperlichen nicht mit einer vorangegangenen, nämlich der jüdisch-christlichen Verachtung der Leiblichkeit zu verwechseln. Dazu ist zu sagen:

Das Judenchristentum sieht im menschlichen Körper ein Gefäß der Sünde, aus dem es gilt, die Seele zu erlösen, und in der körperlichen Welt um uns herum eine Serie von Schlingen, in welchen wir uns auf unserem Weg zum Heil verfangen. Darum rät das Judenchristentum, alles »nur« Körperliche zu verachten. Wir aber stehen auf einer »höheren« Stufe auf dem Weg zur Zerebralisierung. Die Körper verlocken uns nicht mehr, um uns mit ihnen einzulassen, sondern wir empfinden sie als störend. Wir stehen bereits »über« ihnen, und wir haben dank verschiedener Disziplinen (zum Beispiel dank der Nuklearphysik und der Kybernetik) gelernt, daß winzige Körper, wenn zweckmäßig manipuliert, weit effektiver sein können als riesige. Zum Beispiel kann eine winzige Menge angereicherten Uraniums eine größere Wirkung haben als Millionen von Mastochsen, und eine kleine Terroristengruppe, welche einen Eingriff ins Stromnetz von New York ausübt, eine größere Wirkung auf die amerikanische Wirtschaft als ein Streik von Millionen. Wir haben gelernt, daß die Größe der Körper kein Spielargument ist – winzige Ursachen können riesige Folgen haben – und daß, wenn es gilt, mit Körpern zu spielen, Massigkeit keine Vorteile bietet. Im Gegenteil: Wenn Körper (unsere eigenen und die in der Welt dort draußen) Spielsteine sein sollen, dann sind sie desto amüsanter, je kleiner sie werden. Zum Beispiel ist der Kult, den wir scheinbar mit unseren Körpern treiben (etwa der Sonnenkult, das nackte Strandbad, das Jogging oder das Bodybuilding), tatsächlich eine Verachtung des Körpers: seine Degradierung zu einem Spielzeug. Und je kleiner diese Spielkörper werden, desto weniger stören sie das eigentliche Spiel, an dem wir engagiert sind, nämlich das Spiel mit substanzlosen Informationen.

Wir können uns ein blasses Bild von dieser Welt der verneinten, geschrumpften Körper machen, wenn wir in den Fernen Osten blicken. In jenes Gebiet der Zwergbäume, der Zwerghähne, der geschnürten Füße, der tragbaren Küchen, der winzigen Ideogramme, der Minimalkunst mit grauem Pinsel auf durchsichtigem Papier, des Go-Spiels. Es ist auch das Gebiet der Chips, der miniaturisierten Apparate und transportierbaren Tomatenkulturen. Die Verneinung der Größe und des Körpers ist ein Kulturem des Fernen Ostens, und es ist kein Zufall, daß die Römer China das »Land der goldgrabenden Ameisen« nannten. Ebensowenig ist es ein Zufall, daß die telematische Revolution in Japan so schnell Fuß faßt. Nicht mit jüdisch-christlicher Verachtung der Leiblichkeit, eher mit konfuzianischer Miniaturisierung ist die sich anbahnende Verneinung der Körper zu vergleichen. Und wenn wir von der telematischen Gesellschaft sagen, daß sie kosmisch sein wird, dann meinen wir, daß sie vor allem chinesisch sein wird. Die technischen Bilder sind als eine neue Art von Ideogrammen zu sehen, auch wenn sie aus der westlichen Kultur emporgetaucht sein mögen. Mit dem Alphabetverlust verliert sich der Westen im Osten.

Die telematisierten Menschen werden die Körper verneinen: die Volumina, die Objekte, die Dinge. Und zwar alle telematischen Menschen, auch jene, von denen wir gegenwärtig annehmen, daß sie das Spiel mit »reinen« Informationen nicht interessiert und sie deshalb in die Körperlichkeit der organischen Sensationen zurücktauchen wollen. Sie werden alle vom Sog der Telematisierung, vom Spieltaumel mitgerissen werden. Die objektive Welt wird, verneint, am Horizont des telematischen Menschen verschwimmen. Er wird, in einem von uns noch ungeahnten Sinn dieses Wortes, »un-bedingt« sein und in jenem Sinne frei, in dem wir vom »Geist« sagen, daß er wehe, wo er wolle. Es geht um die Freiheit, wie sie Drogen vermitteln, die Freiheit des Verneinens der objektiven Welt, der Welt der Bedingungen, der Dinge. Eine psychedelische Freiheit. Die technischen Bilder sind psychedelisch.

Dieses Verneinen alles Objektiven, Dinglichen, Körperlichen ist ein Verneinen aller Ontologie, Epistemologie und Ethik zugunsten der »reinen Ästhetik«. Und es ist die Würde des »Geistes«. Es ist, was Nietzsche mit »Kunst ist besser als Wahrheit« gemeint hat, angesiedelt im Jenseits von Gut und Böse. Ob dieses Verneinen jedoch identisch ist mit jenem Vetorecht, von dem ich oben gesprochen habe, ist eine andere Frage.

17. LEIDEN

Die folgenden Überlegungen betreffs der sogenannten »wirtschaftlichen Infrastruktur« der emportauchenden Gesellschaft stützen sich auf ein leicht zurechtgerücktes Gesellschaftsmodell, nämlich das der platonischen Utopie. Laut Platon sind wir aus dem Himmel (topos uranikos) in die Welt der Erscheinungen (phainomena) gefallene Wesen. In unserer Heimat, dem Himmel, haben wir die ewigen und unveränderlichen Ideen in ihrer logischen Ordnung betrachtet. Beim Sturz in die Welt sind wir durch den Fluß des Vergessens (lethe) hindurchgestürzt, und seine Wasser haben alle Erinnerung an die Ideen weggespült, wir haben sie vergessen. So kommen wir in die Welt als von Ideen abgetrennte Wesen (idiotes). Und wir können unser ganzes Leben lang in der Welt ein idiotisches Dasein fristen und uns im Kreise drehen, zum Beispiel: kochen, um zu essen, und essen, um kochen zu können. Oder säen, um zu ernten, und ernten, um säen zu können. Oder arbeiten, um zu ruhen, und ruhen, um arbeiten zu können. Im Grunde: leben, um zu sterben, und sterben, um in unseren Kindern wiedergeboren zu werden. Dieses sich drehende idiotische Leben folgt der Ordnung der Küche (oikonomia), und Platon nennt es denn auch »zoon oikonomikon«: das wirtschaftliche Leben – in jenem Sinne, in dem im Deutschen »Wirtschaft« ein Restaurant bedeutet.

Es gibt jedoch Methoden, dank denen wir uns wieder an die vergessenen Ideen erinnern können. Zum Beispiel an die im Himmel ersehene Idee eines Krugs, an die »Krugheit«. Und falls uns dies gelungen ist, können wir diese Idee in ein Phänomen, zum Beispiel in formlose Tonerde, drücken, um die Welt der Phänomene an die ideale Welt anzugleichen. Das Resultat, ein irdener Krug, wird dann unser Werk sein. Und sobald der Krug hergestellt ist, können wir ihn vor der Küchentür ausstellen, publizieren, »politisieren«, um ihn gegen ein Werk eines anderen auszutauschen und somit seinen Wert festzustellen. Dieses werkende und publizierende Leben nennt Platon »bios politikos«: das Leben, das sich in Richtung Marktplatz einstellt.

Sobald wir jedoch den Krug betrachten, stellen wir fest, daß die Idee der Krugheit sich in der Tonerde verzerrt hat. Sie ist nicht mehr so perfekt wie im Himmel, und wer sich an eine solche phänomenalisierte Idee hält, wird nur verzerrte Ideen (doxai = Meinungen) haben. Das politische Leben ist daher ein Leben der falschen Meinungen, der Orthodoxien, Paradoxien, Heterodoxien, kurz: des Irrtums. Diesem Irrtum können wir nur entgehen, wenn wir den Krug mit der Krugheit vergleichen, ihn kritisieren. Dazu müssen wir unseren Blick auf die Krugheit und alle übrigen Ideen im Himmel richten: »theoria«. Dabei stehen wir mitten im Marktplatz, haben alle Werke um uns herum, und der Blick ist »nach oben« gerichtet. Dieses betrachtende, den Phänomenen den Rücken wendende Leben nennt Platon »bios philosophikos«: das Leben in der Liebe zur Weisheit.

Diese drei Lebensformen, Wirtschaft, Politik, Philosophie, bilden in der Utopie eine Stufenleiter. Die Wirtschaft stützt die Politik, weil ohne wirtschaftlichen Rückhalt der Handwerker nicht die Muße hätte, Krüge herzustellen. Und die Politik stützt die Philosophie, weil ohne Marktplatz und die dort ausgestellten Werke der Philosoph nicht vergleichen (kritisieren) und Werte lenken (»kybernein«) könnte. Mit anderen Worten: Die Idioten, die Sklaven (die Wirtschaft) sind der Unterbau der Gesellschaft, die Künstler, die Publizisten (die Politik) sind ihre Mittelstufe, und die Theoretiker, die Lenker (die Philosophie) sind die Könige der Gesellschaft. Der Zweck der Republik (politeia) ist, einen Raum für Philosophie, für das Wiedererinnern und Ent-vergessen der Ideen (aletheia = Ent-vergessen = Wahrheit) und damit für den Rückweg in die himmlische Heimat zu öffnen.

Das Schlüsselwort in diesem utopischen Gesellschaftsmodell ist »Muße« (griechisch »schole«, lateinisch »otium«), und sein Gegenteil »Geschäftigkeit« (griechisch »a-scholia«, lateinisch »negotium«, englisch »business«). Die Sklaven des wirtschaftlichen Lebens sind ständig beschäftigt, geschäftig, geschäftlich tätig, auch wenn sie schlafen, denn dann bereiten sie sich vor, die nächsten Geschäfte zu machen. Die Künstler des politischen Lebens haben Muße (machen Feierabend, kritisieren ihre Werke, überlegen sich Ideen), wenn sie das Werk fertiggestellt haben. Sie gehen »periodisch in die Schule«. Die Theoretiker des philosophischen Lebens leben in der Muße, in der Schule. Der Zweck der Republik ist, einer Elite zu erlauben, in der Schule zu leben, um damit den Rückweg in die himmlische Heimat für alle zu öffnen.

Dieses utopische Gesellschaftsmodell war dem feudalen das Vorbild. Dort lebten die Leibeigenen in der Wirtschaft, die Bürger in der Werkstatt und die Mönche in der Schule, um allen den Rückweg in den Himmel zu öffnen. Mit der bürgerlichen Revolution des 15. Jahrhunderts setzte sich die Werkstatt über die Schule, und die Theorien sollten nun der Herstellung von Werken dienen. Das Ziel der bürgerlichen Gesellschaft war nicht mehr Weisheit in der Muße, sondern Weltveränderung im Fortschritt. Mit der industriellen Revolution des 19. Jahrhunderts setzte sich die Wirtschaft über die Werkstatt, und die Werke sollten nun dem Verbrauch dienen. Das Ziel der industriellen Gesellschaft war nicht mehr Weltveränderung, sondern ein sich fortschreitend steigerendes Konsumieren, Geschäftigkeit, Business. Die scheinbar »befreiten« Sklaven sind Könige geworden, und der Weg zurück in den Himmel hat sich verschlossen.

Ich will nun versuchen, dieses Modell an den vorliegenden Essay anzugleichen. In Kapitel 13 (»Bereiten«) habe ich die telematische Gesellschaft als eine Schule betrachtet, in welcher alle Menschen ihr ganzes Leben verbringen. In Kapitel 15 (»Herrschen«) habe ich die telematische Gesellschaft als eine automatisch gesteuerte betrachtet, in welcher es keinen Sinn hat, von Politik zu sprechen. Habe ich deshalb die telematische Gesellschaft bereits als eine Verwirklichung der platonischen Utopie betrachtet? Als eine Gesellschaft nämlich, in der die Sklaven (Wirtschaft) Roboter sind, die Künstler (Politik) automatische Intelligenzen, und in der alle Menschen für die Theorie leben (alle Philosophen sind, Könige), welche von Robotern und künstlichen Intelligenzen ernährt und mit zu kritisierenden Modellen beliefert werden? Ist die kybernetische Gesellschaft eine Struktur, in welcher alle Menschen in Muße leben, und wo alle Arbeit (Wirtschaft) und alles Wirken (Politik) »untermenschlich« werden? Im Grunde: Ist eine Lage, in welcher alle Menschen Bilder kontemplieren (sei es, um sie zu empfangen, zu verändern oder weiterzusenden), und in welcher der Zyklus der Ökonomie und der Prozeß der Produktion »hinter dem Rücken der Menschen« ablaufen, jene Lage, die Platon das Leben in der Liebe zur Weisheit – »Philosophie« – nannte?

Die Antwort hierauf ist leider ernüchternd. Solange nämlich an den Gehirnen und Fingerspitzen der künftigen, telematischen Menschen Säugetierleiber hängen werden (das heißt: in alle absehbare Zukunft), solange wird es unmöglich bleiben, der Wirtschaft den Rücken zu wenden, zu philosophieren, Muße zu haben, in der Schule zu leben. Und zwar nicht vor allem deshalb, weil Säugetierleiber ernährt und vermehrt werden müssen – diese Aufgabe können tatsächlich Automaten übernehmen -, sondern vor allem deshalb, weil Säugetierleiber leiden und sterben. Und diese Überlegung zeigt, worum es in der Ökonomie geht, und was wir in Gefahr sind, manchmal zu vergessen: ums Leiden und ums Sterben.

Ökonomie ist demnach nicht so sehr die Methode, Menschenleiber zu erhalten und zu vermehren, sondern die Methode, das Leiden der Menschenleiber (das, was der Buddhismus ihren »Durst« nennt) zu stillen und das Sterben der Menschenleiber zu verzögern. Wirtschaft und Medizin sind im Grunde Synonyme.

Ich will hier über den Tod nicht sprechen. Denn dieser ganze Essay, der vom emportauchenden Universum der technischen Bilder zu handeln scheint, handelt tatsächlich von einem Versuch, in Bildern unsterblich zu werden. Das Gedächtnis, der Antitod, ist das Thema (und das Motiv) dieses Versuches (das heißt, sowohl dieses Essays als auch der Telematik). Allerdings: Tod und Sterben meinen nicht dasselbe. Sterben meint, den Tod erleiden. Daher gehört das Sterben, laut der oben angeführten Überlegung, ins Gebiet der Wirtschaft. Man kann, ohne Platon zu vergewaltigen, die Sache etwa so formulieren: Die Wirtschaft ist das Gebiet des Sterbens, die Politik das Gebiet des Nicht-sterben-Wollens und die Philosophie das Gebiet des Unsterblichwerdens. Und dies besagt, daß ich in diesem die künftige Wirtschaft bedenkenden Kapitel nicht verpflichtet bin, vom Tod zu sprechen. Daß ich mich darauf beschränken kann, vom Leiden zu sprechen. Denn das Sterben steckt im Wesen des Leidens: Worunter auch immer ich leide (und seien es Zahnschmerzen), ich koste dabei das Sterben vor, und es ist anzunehmen, daß sich im Sterben alles Leiden auf den Tod hin konzentriert, daß es erst dann verdient, Leiden genannt zu werden.

Die Wirtschaft ist eine Methode, den Körpern Mittel zuzuführen, damit diese nicht leiden (sterben). Zum Beispiel eben Lebensmittel. Dort, wo die Wirtschaft schlecht funktioniert (zum Beispiel in der Dritten Welt), leiden die Menschen. Es wird im übrigen immer offensichtlicher, daß die Ökonomie ein medizinisches und die Medizin ein ökonomisches Problem darstellt. Um dies einzusehen, genügt es, die geschwollenen Bäuche der von Trockenheit heimgesuchten Kinder der Dritten Welt zu betrachten. Da der Menschenleib ein Volumen ist, sind auch die wirtschaftlichen und medizinischen Mittel (»Lebensmittel« wie Fleisch oder Aspirin) Körper. Sie sind Objekte, die zum Zweck des Leidenstillens informiert wurden. Dieses Informieren von Objekten (Arbeit), wie auch das Zubringen der informierten Objekte an die Menschenkörper (Verteilung), kann robotisiert werden. Handeln und Handel sind robotisierbar. In diesem Sinne wird der Mensch aus der Wirtschaft ausgeschaltet werden: Sowohl Produktion als auch Distribution von »Gütern« werden im Rücken der bilderbetrachtenden Menschen (in den Gängen des telematischen Ameisenhaufens) automatisch vor sich gehen.

Auch die Fortpflanzung der Körper ist eine wirtschaftliche Methode. Auch sie dient dem Hinausschieben des Sterbens (der Art, nicht des Phänotyps). Und da es hier ebenfalls um Körper geht, kann auch sie robotisiert werden. Hinter dem Rücken der bilderbetrachtenden Menschen werden Roboter von ihren Körpern Samen und Eier abzapfen, um daraus neue Bildbetrachter zu inkubieren. Das erst wird der Libido erlauben, sich tatsächlich zu zerebralisieren. Also auch diese Seite der Physiologie, der Wirtschaft, wird den Menschen überflüssig machen.

Nicht robotisierbar jedoch ist das Leiden. Und dies nicht etwa, weil es keine Methoden gäbe, dem Leiden den Rücken zu wenden: Es genügt, sich an die Stoa und an Epikur zu erinnern, um solcher Methoden ansichtig zu werden. Nur sind derartige Methoden nicht (oder sehr indirekt) in den Automatisierungsprozeß einzubeziehen. Denn letzten Endes beruhen sie alle auf der immer offenen Möglichkeit, sich, um dem Schmerz zu entgehen, das Leben zu nehmen. Falls wir Schopenhauer (von dem ich vorhabe, noch zu sprechen) als Zeugen zu Hilfe rufen, werden wir Leiden und Leben als Synonyme erkennen. Solange wir Körper haben werden, solange wird das Leiden (und mit ihm die Wirtschaft) den Unterbau der Gesellschaft bilden. Und dies aus nicht etwa physiologischen, sondern aus existentiellen Gründen. Denn Schmerzen sind stillbar, das Leiden betäubbar. Doch sobald man den Körper anästhesiert, wird auch das Bewußtsein still und taub: an-ästhetisch. Das Bewußtsein, um Bewußtsein zu sein, ist ein unglückliches Bewußtsein. Wären alle Schmerzen gestillt, alle Leiden betäubt, dann wäre zwar die Wirtschaft überholt und wir könnten ihr den Rücken kehren, um zu philosophieren. Doch hätten wir in einem solchen Fall nichts mehr, worüber wir philosophieren könnten. Das platonische Gesellschaftsmodell, wenn auf die Telematik angewandt, zeigt, daß die platonische Utopie (und überhaupt jede Utopie) einen inneren Widerspruch birgt: Es kann kein »Glück« ohne Leiden geben. Die Utopie ist unmöglich.

Zwar also wird in der Gesellschaft der technischen Bilder die Wirtschaft noch immer den Unterbau bilden, aber sie wird sich so stark im Vergleich zur heutigen verändert haben, daß unsere gegenwärtigen Modelle (seien es »liberale« oder marxistische, oder welche auch immer) dort danebengreifen werden. Denn in einer telematischen Wirtschaft wird es nicht mehr um »begehrte Güter« gehen, sondern um »notwendige Übel«. Der wirtschaftliche Betrieb wird nicht mehr als eine Lebensform angesehen werden, sondern als eine Störung des Unterrichts. Diese Verachtung und Furcht allem Ökonomischen gegenüber mag an platonischen Aristokratismus (an Aristokratismus überhaupt) erinnern, und tatsächlich werden ja dort alle Menschen in bezug auf die arbeitenden und verteilenden Roboter eine Aristokratie sein. Und doch wird man dort andere Kategorien als die platonischen (und die aristokratischen überhaupt) anwenden müssen, um den wirtschaftlichen Unterbau zu fassen. Ich habe hier vor, zwei dieser Kategorien ins Auge zu fassen, nämlich die Erkenntnis, daß der Sitz des Leidens im Gehirn ist, und die eigentümliche Kategorie »Mitleid«.

Der größte Skandal in der gegenwärtigen Lage ist die Medizin, und zwar ist sie skandalös nicht, weil sie skandalös funktioniert (siehe Dritte Welt), sondern weil sie von skandalösen Voraussetzungen ausgeht. Nämlich vor allem von der Voraussetzung, daß der lebende Körper ein »Gut« ist, und daß es gilt, ihn am Leben zu erhalten. In der heranrückenden Zukunft wird man wahrscheinlich nicht mehr verstehen können, wie wir so einen Skandal haben dulden können. Dabei ist die Erklärung selbstredend einfach. Sieht man die Kulturobjekte als Güter an, die verbraucht werden müssen, dann muß der lebende Körper das höchste Gut sein: an ihn sind alle übrigen Güter gerichtet. Die gegenwärtige Medizin ist nichts als der Zentralpunkt der gegenwärtigen Wirtschaft. Sobald jedoch das Interesse von den Kulturgegenständen auf die »reinen Informationen« (auf die technischen Bilder) hinüberschwingt, erweist sich die gegenwärtige Medizin als ein Verbrechen an der Würde des Menschen. Sobald man nämlich im lebenden Körper ein Anhängsel des Gehirns erkennt, ein nicht völlig robotisierbares Werkzeug zum Einbilden, wird aus dem Körper ein notwendiges Übel. Der Körper soll so wenig wie möglich beim Spielen (Leben) stören, soll so wenig wie möglich Spielverderber sein können. Und sobald dies nicht mehr möglich wird, sobald sich der Körper durch nicht mehr zu reparierende Defekte ins Spiel setzt, hat die Medizin die Aufgabe, ihn möglichst reibungslos abzuschalten.

Medizin (Wirtschaft) soll die Methode sein, Leiden zu stillen, dort, wo es gestillt ist, den Tod zu verzögern und dort, wo es unstillbar ist, den leidenden Körper abzustellen. Wobei in einer dialogisch geschalteten Gesellschaft zwischen Selbstmord und Mord nicht mehr zu unterscheiden sein wird: Das Abstellen des leidenden Körpers, die »Euthanasie«, wird dort durch Dialog (zum Beispiel zwischen Leidendem und Arzt) entschieden.

Ich habe das Beispiel der Medizin nicht nur gewählt, weil es eklatant ist, sondern vor allem, weil es die Erkenntnis vom zerebralen Charakter des Leidens beleuchtet. Solange die Prozesse im Körper (und in der Wirtschaft überhaupt) nicht ins Bewußtsein dringen, solange sie automatisch vor sich gehen, solange kann und soll man sie ignorieren. Wer sich für die Funktion seiner Leber oder seiner Bäckerei interessiert, verliert eine Gelegenheit, Bilder herzustellen. Sobald etwas dort schlecht programmiert ist (die Leber wird durch Leberschmerzen bewußt, die verbrannten Brötchen durch schlechten Geschmack), wird man sich gezwungen sehen, das Programm gemeinsam mit anderen umzuprogrammieren. Und sobald man feststellt, daß dieses Umprogrammieren auf die Nerven geht (vor allem auf die im Bildermachen engagierten Nerven), kann man »nein« dazu sagen, von seinem Vetorecht Gebrauch machen und alles vergessen (sterben). Denn man wird ja nicht vergessen werden: dafür sorgen die künstlichen Gedächtnisse, in denen das, was einst das »Ich« genannt wurde, gelagert ist, um dialogisch verändert zu werden. Das also ist Wirtschaft: ein notwendiges Übel zum Nichtvergessenwerden. Und doch ein Übel, das vergessen werden kann von dem, der sich entscheidet, »nein« zu sagen. Nur wer von der Freiheit dieses Vetorechts Gebrauch macht, kann sich erlauben, die Ökonomie zu verachten.

Man muß sich für die Wirtschaft (inklusive des eigenen Körpers) leider interessieren, wenn die Programme schlecht funktionieren; wenn man beginnt, sich eines Leidens bewußt zu werden. Dieses Bewußtwerden jedoch ist dialogisch geschaltet. Sobald sich ein einzelner Knotenpunkt im Netz (ein einzelnes »Ich«) eines Leidens bewußt wird, gerät das ganze Netz in Mitleidenschaft. Wo die Kategorie »privat« nicht anwendbar ist, wo jeder für alle da ist und alle für jeden, gibt es kein privates Leiden. Und wo alles Dasein ein Mitsein ist, ist alles Leiden Mitleid. Wenn die Wirtschaft (inklusive der Medizin) leider interessant wird, wenn sie sich leider als nicht gänzlich zu robotisierender Unterbau ausweist, dann aus Mitleid. Die telematische Gesellschaft wird sich für schlecht programmierte Körper (Leiber, Laiber) aus Mitleid interessieren: um sie umzuprogrammieren und schließlich ignorieren zu können.

Alles Bewußtsein ist ein »unglückliches« Bewußtsein, auch jenes emportauchende Bewußtsein der Einbildungskraft, aus welchem das Universum der technischen Bilder im Entstehen begriffen ist. Die Quelle aller Kreativität ist Leiden. Dieses Leiden ist in der vortelematischen Lage vor allem ein individuelles, privates. Eine ganze Literatur handelt von diesem schöpferischen Leiden. In der telematischen Lage ist die Quelle der Kreativität das Mitleid. Man kann es, wenn man gerade Lust dazu hat, auch »Liebe« nennen. Vielleicht aber besser: das Anerkennen des Leidens (und Sterbens) im anderen als Wiedererkennen des eigenen Leidens (und Sterbens). So läßt sich über die telematische Gesellschaft vielleicht das Losungswort setzen: Ich bin sterblich, du bist sterblich, wir sind unsterblich. Dies wäre eine annehmbare Formulierung des negativ entropischen Engagements der Telematik.

Zusammenfassend kann über die ökonomische Infrastruktur der emportauchenden Gesellschaft etwa folgendes vorausgesagt werden: Alles Handeln und aller Handel werden weitgehend robotisiert sein und nicht interessieren. Die dort hergestellten und konsumierten Objekte werden nicht ins mit Bildern beschäftigte Bewußtsein dringen. Man wird weder arbeiten noch Werke schaffen, und in diesem Sinn wird sich die Gesellschaft der platonischen Utopie nähern: Alle werden Könige sein, alle werden in der Schule (Muße) leben, alle werden philosophieren. Und doch wird zufällig notwendigerweise die Sache manchmal nicht klappen. Notwendige Unfälle werden sich ereignen. Man wird leiden (und sterben). Diese Unfälle werden ins Bewußtsein dringen, und man wird sich dafür interessieren. Da solche Unfälle notwendig sind (voraussehbar, nicht überraschend, redundant), wird man versuchen, sie zu minimieren. Wahrscheinlich wird man dafür immer perfektere Methoden ausgearbeitet haben: Man wird immer seltener leiden und immer später sterben. Aber das Seltenerwerden selbst wird man kalkulieren. Sobald die Reparatur zu teuer wird, sobald sie das Leben in der Schule zu sehr stört, sobald sie die Freude am Spiel verdirbt, wird man die Störung vergessen. So, meine ich, wird in Zukunft alles Sterben sein: eine dialogisch getroffene Entscheidung, zu vergessen.

Die Wirtschaftswissenschaften werden mitunter als jene Disziplinen angesehen, welche Werte quantifizieren. Ich hoffe, daß die oben gebotenen »prophetischen« Überlegungen die emportauchende Umwertung aller Werte zu Worte bringen. Zumindest war dies, zugegebenermaßen, ihre eigentliche Absicht.

18. FEIERN

Im platonischen Modell, das ich im vorangegangenen Kapitel kurz besprach, wird der Muße (»schole«) das Hauptgewicht gegeben: Sie ist das Ziel des Lebens, der Sitz der Weisheit. Und so wie es aussieht, rücken wir diesem Ziel mit Siebenmeilenstiefeln näher. Arbeitslosigkeit greift um sich, weil Automaten die früher von Menschen verrichteten Gesten der Umweltveränderung übernehmen. Die Frage der Arbeitsteilung wird immer mehr zu einer an die Programmierer von Robotern zu stellende Frage, sie wird immer mehr von einer politischen zu einer Frage des Kalkulierens. Dafür stellt sich mit immer größerer Dringlichkeit die Frage nach dem Leben in der Muße, jene Frage, die gegenwärtig so leichtfertig mit dem Wort »Freizeitgestaltung« abgetan wird. Sollte das vorangegangene Kapitel die emportauchende telematische Gesellschaft auch nur annähernd richtig vorausgesehen haben, dann kann kein Zweifel darüber bestehen, daß diese Frage im Mittelpunkt des ganzen vorliegenden Essays zu stehen hat.

Es geht dabei nicht nur um Quantitäten, nicht nur darum, wie die immer größer werdende »Freizeit« aufzuteilen sein soll. Zwar: Aus dem Feierabend des politisch lebenden Handwerkers sind der Feiertag, die Ferien und die Pensionierung des wirtschaftlich lebenden Industriearbeiters geworden und daraus wiederum das nur periodisch von Dienstleistungen unterbrochene kybernetische Leben des informationskonsumierenden Funktionärs. Quantitativ gesehen also hat sich das Verhältnis zwischen Arbeit und Freizeit umgekehrt, und statt von Feierabend ist bereits jetzt eher von Dienstleistungsmorgen zu sprechen. Und in der telematischen Gesellschaft ist überhaupt nur noch von Feier zu sprechen. Trotzdem geht es hier nicht so sehr um die Aufteilung der Muße in Stunden, Tage oder Jahre, sondern um das Erleben der Muße, eben um das Feiern. Die telematische Gesellschaft muß feierlich leben, soll sich die Einbildungskraft in ihr entfalten.

Wir kommen dem Feiern näher, wenn wir für einen Moment Platons Begriff der Muße als Sitz der Weisheit, des theoretischen Lebens, vergessen und unsere Aufmerksamkeit der anderen Wurzel unserer

Kultur, nämlich dem Judentum schenken. Dort stoßen wir auf den Sabbat. Er ist »heilig«, und zwar – außer Gott selbst – nur er; das Gebot sagt: »Du sollst den Sabbat beobachten, um ihn heilig zu halten.« Es geht allerdings um eine Heiligkeit, wie sie Platon unverständlich wäre. Für ihn, wie für unsere ganze griechische Tradition, ist das Heiligtum ein aus dem Raum der Polis herausgeschnittener und vor ihm geschützter Sektor, ein »temenos«, ein Tempel. Ein Sektor der Beschaulichkeit, der Muße, eben eine Schule. Ein Gehege, das unter dem Schutz eines Gottes steht (zum Beispiel des Gottes Akademos) und in dem man wandelt, um mit anderen ebenso Müßigen Ideen auszutauschen. Der Sabbat hingegen ist ein aus dem Fluß des Geschehens herausgehaltener und emporgehaltener Sektor, ein Tempel nicht aus Marmor, sondern aus Zeit, und er ist daher nur heilig, wenn man ihn aus der Geschichte heraushält, wenn man ihn feiert.

Hebt man den Sabbat aus der linearen Zeit (aus der »Woche«) heraus, dann ist die Geschichte durchbrochen. Dann münden die sechs Tage der »Woche« in den Sabbat ein, um in ihm aufgehoben zu werden. Während der sechs Tage der Woche geschieht Geschichte (zum Beispiel erschafft Gott die Welt), um sich im Sabbat zu nichts aufzulösen (dort geschieht nichts, zum Beispiel ruht Gott dort). Die sechs Tage der Woche verfolgen ein Ziel, sie sind motiviert, sie sehen auf etwas ab. Ihr Ziel, ihr Motiv, ihre Absicht (das Ziel, das Motiv, die Absicht aller Geschichte schlechthin) ist der Sabbat. Der Sabbat selbst indes steht still im Nichts, er hat kein Ziel, kein Motiv, keine Absicht, da er ja selbst das Ziel, das Motiv ist. Die sechs Tage der Woche sind sinn»voll«, und ihr Sinn ist der Sabbat. Der Sabbat selbst jedoch ist sinnlos, eben weil er selbst der Sinn ist. Die sechs Tage der Woche sind wert»voll«, und ihr Wert ist der Sabbat. Der Sabbat selbst jedoch ist wertlos, eben weil er selbst der Wert ist. Deshalb ist der Sabbat, wenn er gehalten wird, heilig. Er ist die »Transzendenz« der Geschichte. Eine kabbalistische Interpretation der messianischen Zeit lautet: es ist jene Zeit, wo zwei Sabbate unmittelbar aufeinanderfolgen. Und für das Christentum ist der Augenblick des Heils der Sabbat zwischen Karfreitag und Ostersonntag. In ihm wird Geschichte aufgehoben. Es ist der feierliche Augenblick der Erlösung aus dem Leiden.

Nicht daß dieser jüdisch-christliche Begriff des Feierns, des Heilighaltens, dem griechischen Begriff der Theorie, der Beschaulichkeit, der Philosophie entgegengesetzt wäre. Sie beide stehen für die Transzendenz des Geschehens, für »Nachgeschichte«. In beiden Fällen, in der Akademie wie bei der Sabbatfeier, wendet man der Politik und der Wirtschaft den Rücken und taucht empor zu dem, was im »Faust« die »Mütter« genannt wird. Und doch besteht ein gewaltiger Unterschied zwischen einem akademischen und einem feierlichen Leben. Denn in der Akademie wird geschaut (man sieht dort die Ideen), während in der Feier gehört wird (man wird dort aufgerufen). Die Akademie ist ein Ausschnitt aus dem Raum, und man sieht dort Gestalten. Die Sabbatfeier ist ein Ausschnitt aus der Zeit, und man gewinnt dort Berufe. Darum ist die griechische Muße Beschaulichkeit, während die feierliche Muße des Judenchristentums Verantwortung (Antwort auf Rufe) ist. Die griechische Muße ist »essentiell«: man sieht dort das Wesen. Die feierliche Muße hingegen ist »existentiell«: man ist dort dem ganz anderen gegenüber. In der griechischen Muße entdeckt man das Heilige (»aletheia« = Entdeckung = Wahrheit). In der feierlichen Muße offenbart sich das Heilige selbst, es »kommt zu Worte«. Erst wenn Schule und Feier zusammentreffen, wenn Akademie und Sabbat verschwimmen, wenn Raum und Zeit sich gegenseitig aufheben, kann man von der westlichen Tradition behaupten, sie habe sich vollendet. Das ist der religiöse Aspekt der Telematik.

Wir haben seit der bürgerlichen Revolution des 15. Jahrhunderts das Feiern verlernt. Dieses Verlernen ist eine Tatsache, welche in den Geschichtsbüchern zumeist »Profanierung des modernen Lebens« genannt wird. Nach dem im vorangegangenen Kapitel skizzierten platonischen Modell kam mit der bürgerlichen Revolution die Unterwerfung der Theorie unter die Praxis: Die theoretische Muße diente von nun an der fortschreitenden Weltveränderung. Vom jüdisch-christlichen Standpunkt gesehen, geht es bei der bürgerlichen Revolution um eine Unterwerfung der Feier unter die Utilität: Die Muße der Feiertage diente von nun an der Erholung für darauffolgende nutzbringende Handlungen, Akademie und Sabbat wurden dem Werk (der Technik, dem Werktag) untergeordnet. Die Industrierevolution des 19. Jahrhunderts hat diese Entheiligung der Schule und der Feier vollendet. Die Theorie ist selbst zur Technik geworden, zu einem an speziell dafür gebauten und finanzierten Instituten vollführten Unternehmen. Und die Feier ist zum Weekend, zum Sommerurlaub, zum Skiausflug geworden, welche von eigens dafür betriebenen Instituten organisiert werden. Somit hat die bürgerliche Revolution sowohl im griechischen wie im jüdisch-christlichen Sinn die Muße ins Werken eingebaut, und die industrielle Revolution wiederum hat dieses von Muße gespeiste Werken eingebaut in das wirtschaftliche Getriebe.

Die gegenwärtige Revolution der Automation bringt diesen Einbau der Muße ins Werken und den darauffolgenden Einbau des Werkens in die Wirtschaft auf seltsame Weise zutage. Es zeigt sich nämlich, daß die degradierte und entheiligte Muße gewissermaßen im Bauch des Werkens anschwillt und nach Verdauen des Werkens durch die Wirtschaft das ganze wirtschaftliche Getriebe wie eine Seifenblase aufbläht. Darum erscheint das gegenwärtige Problem der Müßigkeit, der Arbeitslosigkeit und Freizeit zuerst einmal als ein wirtschaftliches Problem: Es stellt das Getriebe und die Betriebsamkeit in Frage. Und vom Werken her gesehen, stellt sich das Problem des zunehmenden Müßiggangs als ein politisches Problem. Denn dank der Automation ist Müßiggang nicht aller Laster Anfang, sondern im Gegenteil aller Tugend Belohnung. Die überhandnehmende Muße ist also zuerst einmal eine Antithese zum Business und dann eine Antithese zu den bürgerlichen Werten. Aber sowohl die ökonomische wie die politische Sicht auf die Verdrängung der Arbeit durch Muße verstellen den Blick auf das tatsächliche Problem: daß wir nämlich in der Muße verkommen, wenn wir unfähig sind, zu feiern.

Unsere Unfähigkeit, zu feiern, ist am gegenwärtigen Gebrauch des Wortes »müßig« erkennbar. Wir gebrauchen es abfällig, mit hinwegfegender Geste – zum Beispiel wenn wir sagen, es sei müßig, sich über etwas den Kopf zu zerbrechen. »Müßig« heißt selbstredend »zwecklos«. Die alten Griechen aber wußten, daß »zwecklos« ein Synonym für »rein« ist. Sie wußten, daß nur wenn es müßig ist, sich über etwas den Kopf zu zerbrechen, Philosophie gemacht wird. Und die alten Juden hielten den Sabbat heilig, gerade um ihn aus den Werktagen herauszuhalten und sich für seine Dauer müßig den Kopf über heilige Texte zerbrechen zu können. Für unsere beiden vorbürgerlichen Traditionen ist »müßig« ein Ausdruck für die menschliche Fähigkeit, sich über die Zweckgebundenheit zu erheben. Es ist ein feierlicher Ausdruck. Solange wir uns nicht an diese Bedeutung des Wortes wiedererinnern, solange werden wir unfähig bleiben, in der Arbeitslosigkeit einen Segen zu erkennen.

Eine Methode, uns daran zu erinnern, ist die Beobachtung der menschlichen im Unterschied zu tierischen Gesten. Zwar sind auch beim Menschen zweckvolle (ökonomische) Bewegungen festzustellen: Auch er greift, wie jedes Tier, nach Freßbarem und Kopulierbarem, und auch er hält Lebensgefährliches fern. Aber wir können bei ihm auch zwecklose, unnütze, antiökonomische, feierliche Gesten erkennen. Zum Beispiel spielen Kinder mit unfreßbaren, unkopulierbaren und ungefährlichen Kieselsteinen, sie spielen »theoretisch«. Es ist bezeichnend für unser gegenwärtiges Vergessenhaben der Heiligkeit des Müßigen, daß wir derartige Spiele utilitär interpretieren und zum Beispiel sagen, aus einem derartigen Kieselsteinspiel sei in der Steinzeit das nützliche Steinmesser, die nützliche Kultur entstanden. Damit verlieren wir aus dem Blick, daß gerade das Unnütze, Müßige an der Kultur, das Feierliche, Theoretische daran, nämlich die Kunst und die theoretische Wissenschaft, den Kern bildet. Eine Phänomenologie der menschlichen Gesten kann uns wieder daran erinnern, daß der Mensch ein feierliches Lebewesen ist, ein im jüdisch-christlichen Sinn religiöses.

Im Grunde ist eben dies die Botschaft der hergebrachten Religionen: uns an die Zwecklosigkeit, die Feierlichkeit des Menschenlebens zu erinnern. Aber wir sind taub für diese Botschaft geworden. Außer vielleicht, sie käme zu uns durch den Filter eines uns zugänglicheren Diskurses, durch Kierkegaard zum Beispiel. Bei ihm können wir die Überwindung des »ethischen Lebens« (des zweckvollen Lebens in Politik und Wirtschaft) durch das »religiöse Leben« (das zwecklose Leben vor Gott) einigermaßen einsehen. Eine der Grundthesen dieses Essays ist, daß wir gegenwärtig über eine völlig neue und unerwartete Methode verfügen, die kierkegaardsche Sicht des religiösen Lebens wiederzugewinnen. Nämlich über Telematik, welche erlaubt, zwecklos, müßig, feierlich durch Bilder hindurch uns im anderen zu erkennen. Daß Telematik eine Schule ist, in welcher wir feiern lernen.

Es scheint mir daher völlig falsch, die Frage stellen zu wollen, zu welchem Zweck denn eigentlich die künftigen Menschen Bilder herstellen werden. Eine solche Fragestellung ist typisch vortelematisch, nämlich aus dem zweckbedingten historischen Denken geboren. Gerade die Müßigkeit der Bildherstellung, dieses Jenseits von jedem »Wozu«, diese Motivlosigkeit ist, wenn ich richtig voraussehe, die Lebensstimmung des künftigen Menschen. Er wird problemlos leben, nicht mehr gegen Gegenstände und Widerstände stoßen, sondern in der »reinen« Einbildung, in der Muße leben. Alles was er tun wird, wird müßig sein, er wird feierlich leben. Ein einziger riesiger Sabbat wird sich über die künftige Menschheit wölben. Und wenn uns all dies unendlich langweilig vorkommen mag, so weil wir, allen unseren Festspielen zum Trotz (oder gerade wegen all dieser Festspiele) vergessen haben, was »feiern« bedeutet.

Ich habe im Kapitel »Spielen« versucht, dasselbe zu behaupten. Allerdings faßte ich dort die Sache von ihrer profanen Seite. »Spielen« und »feiern« sind ja tatsächlich verwandte Begriffe. Das zeigen, wie gesagt, die feierlichen Gesten spielender Kinder. Nur gibt es Spiele, die gewonnen oder verloren werden können, während beim Feiern nichts ist, was zu gewinnen wäre. In der »Telematik« spielenden Gesellschaft wird, im Unterschied zu allen vorangegangenen Gesellschaften, kein Gewinn sein. Zwar werden ständig neue Informationen entstehen, wird die Summe der verfügbaren Informationen immer größer werden, aber diese Informationsflut wird nicht nutzbar gemacht werden, sie wird kein Gewinn sein. Man wird sie »nur« feiern.

Die religiöse Stimmung, in welcher sich dieses Kapitel bewegt, erlaubt, die Frage nach der Programmierung neu zu stellen. Was meine ich eigentlich, wenn ich von der Telematik behaupte, sie erlaube ein dialogisches Programmieren der bilderzeugenden Apparate? Zuerst einmal meine ich wohl, daß nicht mehr zentrale Sender, sondern jeder vor einem Terminal sitzende Bilderzeuger sein eigenes Programm dem Apparat wird vorschreiben können. Und dann meine ich wohl, daß all diese »Eigenprogramme« aufeinander geeicht sein werden, sich gegenseitig füttern und korrigieren werden, und daß demnach ein ständiges dialogisches Programmieren aller Apparate seitens aller Beteiligten vor sich gehen wird. Daß demnach der künftige Mensch vom gegenwärtigen Funktionär darin verschieden sein wird, daß er nicht, wie der Funktionär, programmiert entscheidet, sondern programmierend entscheidet. Aber im Licht des Feierns und der Feierlichkeit meine ich mit »dialogischem Programmieren« noch etwas weit Grundlegenderes. Ich meine damit nämlich ungefähr das, was Buber das »dialogische Leben« genannt hat.

Im Begriff »Eigenprogramm«, der hier zur Diskussion steht, liegt der Akzent auf »eigen«. Es ist mein Programm und nicht das eines anderen. Ich will mein eigenes Programm haben, damit kein anderer mir das seine aufsetzen kann. Ich will besitzen, um nicht besessen zu werden. Dieser Essay hat andernorts versucht, näherbringen, daß in der Informationsgesellschaft die Kategorien »Eigentum« und »Besitz« nicht mehr anwendbar sind. Demnach wäre auch der Begriff »Eigenprogramm« für die Informationsgesellschaft ohne Bedeutung. Dem widerspricht allerdings die Erfahrung, die wir von der emportauchenden Informationsgesellschaft gegenwärtig haben. Wir erfahren sie als Informationsimperialismus. Die Sender besitzen die Programme, und wir sind von ihnen besessen. Telematisierung wäre demnach eine Technik, die Programme aus dem Besitz der Sender zu reißen, um sie zum Eigentum aller Beteiligten zu machen. Im gegenwärtigen Stadium bedeutet also »Eigenprogramm« eher »Enteignung«, Sozialisierung der imperialistischen Programme. Es ist ein sozialisierendes Schlagwort.

Diese Bedeutung kann aber der Begriff »Eigenprogramm« nicht beibehalten, wenn einmal die telematische Gesellschaft tatsächlich installiert ist. Sind einmal die zentralen Sender abgebaut, kann von »Enteignung« keine Rede mehr sein. Dann ist nur noch die Rede von dialogischem Programmieren. Und dann geht es nicht mehr darum, ein eigenes Programm zu haben, damit kein anderer mir das seine aufsetzen möge, sondern im Gegenteil darum, andere Programme (Programme anderer) zu haben, um sie ändern (für andere vorschlagen) zu können. Daher wird, wenn einmal die telematische Gesellschaft tatsächlich da ist, nicht mehr von »Eigenprogramm« zu sprechen sein, sondern von »Anderprogramm« (ein wie mir scheint für die Telematik bezeichnender Neologismus).

Wir stehen bei diesen Überlegungen vor dem Begriffspaar »eigen–ander«. Einem schwer belasteten Begriffspaar. Versucht man, diese Last wegzuschleppen (wie es etwa Heidegger in »Identität und Differenz« tat und wie das Streitgespräch zwischen Sartre und Foucault es zu tun versuchte), dann erkennt man die Reversibilität des Paares. »Eigen« ist das andere des »ander«. »Eigentlich« ist, was anders ist als das andere. Identifizieren (a = a) ist, die Differenz in bezug auf das andere definieren (a = ~ [~a]). Sieht man das ein, und zwar nicht nur logisch, sondern existentiell, dann bricht die Schale auf, in der sich das Eigen, das Eigentum, das Ich verkapseln, und der Blick ist für das ganz andere offen. »Ich« ist dann das andere des ganz anderen.

Das Judentum verbietet das Bildermachen, und Christentum und Islam haben dies (jeweils auf ihre Weise) übernommen. Weil nämlich die von Menschen gemachten Bilder das »wahre Bild« verdecken. Das »wahre Bild« ist jedes Menschenantlitz. Es ist das Bild des ganz anderen: das »Ebenbild Gottes«. Jeder Mensch ist »für mich« das Ebenbild Gottes, und »ich« bin für alle Menschen das Ebenbild Gottes. Darum ist jeder Mensch der andere für mich, und ich bin der andere für alle Menschen. Als Bild des »ganz anderen« (Gottes). Da jeder Mensch für mich das wahre Bild des »ganz anderen« ist, ist er das einzige Bild (die einzige Vorstellung), das (die) ich mir von Gott machen kann und zu machen habe. Alle übrigen Bilder, die ich mir von Gott (und von allem übrigen) mache, sind falsche Bilder und daher verboten. Jeder einzelne Mensch ist mein einziges »Medium« zu Gott, und ich kann zu Gott nur kommen, wenn ich zu ihm »durch« den anderen (jeden einzelnen anderen) gehe. Alle übrigen »Medien« (alle übrigen Bilder, Vorstellungen, Ideen), die ich mir mache, sind falsche »Medien«, sie sind idolatrisch. Die einzige wahre Liebe zu Gott ist die Liebe zum anderen, ist Menschenliebe. »Du sollst deinen Gott (das ganz andere) mit ganzem Herzen, mit ganzer Seele und mit allem, was dann noch übrig bleibt, lieben« ist daher synonym mit »Liebe deinen nächsten (anderen)«.

Alle vortelematischen Bilder, von Lascaux bis zum Video, sind diskursive, ausgesandte, gegen den anderen entworfene, sein Antlitz verdeckende Bilder. Sie sind verboten. Es sind Holzwege, die von Gott wegführen. Die telematischen, dialogisch synthetisierten Bilder hingegen sind »Medien« von Mensch zu Mensch, durch welche hindurch ich des Antlitzes des anderen ansichtig werde. Und durch dieses Antlitz hindurch wieder Gottes ansichtig werde. Das dialogische Programmieren von Bildern (das »dialogische Leben«) kann daher ein Feiern Gottes (des »ganz anderen«), jedes einzelnen mit allen anderen und »mittels« aller anderen, ein »Gebet« sein. Das ist, was ich im Grunde mit »Anderprogramm« meinte.

Wir sind vielleicht daran, uns an das vergessene Feiern wiederzuerinnern. Wir sind vielleicht daran, auf dem seltsamen Umweg über die Telematik zum »eigentlichen« Menschsein, das heißt zum feierlichen Dasein für den anderen, zum zwecklosen Spiel mit anderen für andere zurückzufinden. Und daher beginnt uns schon jetzt die vortelematische Existenz, diese an Zweck und Motiv gebundene Existenz, diese auf das Eigene pochende Existenz als eine tierisch ernste, unfeierliche und daher profane Lebensweise abzustoßen. Eine neue, allerdings völlig unorthodoxe Religiosität beginnt, aus den verschütteten Winkeln unseres Bewußtseins aufzutauchen. Und zwar, überraschenderweise, in Form des traumhaften Universums der technischen Bilder.

19. KAMMERMUSIK

Die Überschriften aller vorangegangenen Kapitel sind Verba, und zwar Infinitive: um den tendenziellen, gegen einen endlos zurücktretenden Horizont zielenden Charakter ihrer Überlegungen zum Ausdruck zu bringen. Die Überschrift dieses vorletzten Kapitels ist ein Substantivum: um die Hoffnung auszudrücken, die Überlegungen seien an irgend etwas Substantiellem angekommen. Dieser Widerspruch zwischen der grenzenlosen Tendenzialität der Infinitive und der Definierbarkeit der Substantive kennzeichnet nicht nur diesen Essay, sondern überhaupt alles Futurisieren.

Wer voraussagt, sieht nicht, was auf ihn zukommt. Er sieht in die Richtung, in welche die Gegenwart zu deuten scheint: »Auskunft«, nicht »Zukunft«. Er sagt voraus, was herauskommt, aber nicht, was zukommt. Er besetzt die »Zukunft« mit »Auskunft«, damit es keine Zukunft gebe. Er nimmt die Zukunft durch Auskunft vorweg, um die Zukunft zu verhüten. Der heideggersche Begriff »Vorsorge« bringt dies zum Ausdruck: Wer vorsorgt, besorgt sich nicht nur um eine Möglichkeit, sondern er besorgt sich auch diese Möglichkeit, er holt sie in die Gegenwart ein, er nimmt sie vorweg, damit sie weg ist. Alles Futurisieren ist zukunftsvernichtend. Das läßt sich an den Computerbildschirmen ersehen. Man kann Entwicklungen, Tendenzen, Kurven aus der Gegenwart hinausprojizieren und mit diesen Projektionen spielen. Und man kann dabei den Irrtumsfaktor (Margin of error) beliebig exakt definieren. Doch derartige Projektionen zeigen, was beim Kalkulieren herauskommt, und nicht, was ankommt. Es gibt keine Zukunft. Der futurisierende Computer hat die Zukunft verschlungen. Futurisieren ist Zukunftsvernichtung mit dem Ziel, Katastrophen zu verhüten.

Aber Katastrophen sind unverhütbar, da sie nicht voraussehbar sind. Was immer ich voraussehe ist, per definitionem, keine Katastrophe. Ich kann zwar Szenarios projizieren, welche meine Voraussicht einer telematischen Gesellschaft widerlegen; zum Beispiel einen Nuklearkrieg oder einen Aufstand der Dritten Welt, oder, etwas raffinierter, den Zerfall eines so komplexen und darum labilen Systems, wie es eine dialogisch geschaltete Gesellschaft sein muß. Und ich kann ein Szenario projizieren, in welchem sich die verdrängte Körperlichkeit in der telematisierten Gesellschaft gegen die Zerebralisierung auflehnt, um zu einer vorher nicht dagewesenen Bestialität zu führen. Aber derartige Szenarios beschreiben keine Katastrophen: Sie beschreiben etwas Voraussehbares, das – zumindest theoretisch – verhütet werden kann.

Echte Katastrophen sind unfuturisierbar. Sie sind Emergenzen. Wenn ich Steinchen mit steigender Kraft gegen eine Fensterscheibe werfe, kann ich die Veränderung des Reflexionswinkels, in welchem jedes Steinchen von der Scheibe zurückfällt, in eine Kurve ordnen und diese Kurve projizieren. Ich komme dann bis zu einem Punkt, an welchem die Scheibe zersplittert. Das ist eine echte Katastrophe. Denn ich kann meine Kurve nicht weiter verlängern, um die Wurfbahn der Steinchen jenseits des Fensters vorauszusehen. Ich müßte Informationen besitzen, über die ich, der ich diesseits des Fensters stehe, nicht verfüge. Echte Katastrophen sind neue Informationen. Sie sind, ex definitione, überraschende Abenteuer. Ich habe in diesem Essay versucht, die These zu unterbreiten, daß das Engagement des Menschen darin liegt, Informationen, überraschende Abenteuer, Katastrophen herbeizuführen, und daß die Telematik dieses Engagement theoretisch und technisch zu realisieren vorhat. Die telematische Gesellschaft ist demnach eine Struktur zur Herbeiführung von Katastrophen. Sie voraussehen zu wollen, wie ich es hier tat, ist daher ein widerspruchsvolles und sich selbst verschlingendes Unterfangen. »Uroboros«, die sich selbst verschlingende Schlange.

Es gibt aber noch einen zweiten Grund, warum ich hier etwas Unmögliches zu tun versuchte. Ich ging nämlich bei meinen Überlegungen von gegenwärtigen Tendenzen aus, zum Beispiel von der Tendenz der technischen Bilder, immer allgegenwärtiger zu werden und Texte zu verdrängen; oder von der Tendenz zur Elektronisierung der Bilder; oder von der Tendenz der Apparate, immer kleiner und billiger zu werden und in alle Winkel zu dringen. Diese Tendenzen habe ich nicht »erfunden«, ich habe sie aufgefunden. Nun strahlt aber jedes Phänomen unendlich viele Tendenzen aus, es ist eingehüllt in eine Wolke von Zukunft. Das eben macht es konkret, daß es ein Kern ist, um den herum sich unzählige Möglichkeiten lagern. Ich habe einige unter diesen Möglichkeiten gewählt und alle anderen vernachlässigt, wobei mein Kriterium die Wahrscheinlichkeit war: Die vernachlässigten Möglichkeiten hielt ich für unwahrscheinlich. Aber dieses Kriterium widerspricht all dem, was ich in diesem Essay zu sagen versuchte: daß wir uns nämlich gerade für das Unwahrscheinliche interessieren. Indem dieser Essay voraussagt, widerspricht er seiner eigenen These.

Und dennoch: Beides ist unmöglich – voraussehen und nicht voraussehen wollen. Es ist dies einer der Widersprüche, die das menschliche Dasein kennzeichnen, und was ich hier zu sagen versuchte, steht in diesem Widerspruch. Anders ausgedrückt: Die telematische Gesellschaft, so wie ich sie hier voraussage, ist nicht, was auf uns zukommt, sondern was uns besorgt macht, weil es aus uns emportaucht. Nicht um Zukunftsmusik, sondern um Kritik an der Gegenwart geht es.

Das Szenario, die Fabel, die ich hier vorschlage, ist diese: Die Menschen werden, jeder für sich, in Zellen sitzen, mit Fingerspitzen an Tastaturen spielen, auf winzige Bildschirme starren und Bilder empfangen, verändern und senden. Hinter ihrem Rücken werden Roboter Dinge heranschaffen, um ihre verkümmerten Körper zu erhalten und zu vermehren. Durch ihre Fingerspitzen hindurch werden die Menschen miteinander verbunden sein und so ein dialogisches Netz, ein kosmisches Übergehirn bilden, dessen Funktion es sein wird, durch Kalkulation und Komputation unwahrscheinliche Situationen ins Bild zu setzen, Informationen, Katastrophen herbeizuführen. Zwischen den Menschen werden künstliche Intelligenzen eingeschaltet sein, die durch Kabel und ähnliche Nervenstränge hindurch mit den Menschen dialogisieren. Es wird daher funktionell sinnlos sein, zwischen »natürlichen« und »künstlichen« Intelligenzen (zwischen »Primatengehirnen« und »Sekundantengehirnen«) unterscheiden zu wollen. Das Ganze wird funktionell ein kybernetisch gelenktes, in seine Elemente unzerlegbares System sein: eine schwarze Kiste.

Die Stimmung, die dort herrschen wird, wird an jene gemahnen, die wir in unseren schöpferischen Augenblicken erleben. Die Stimmung des Aus-sich-Herausgehens, des Abenteuers, des Orgasmus. Das telematische Übergehirn wird eine immer weiter um sich greifende, sich erneuernde und verdichtende Aura von technischen Bildern ausstrahlen und ein universales Schauspiel abgeben. Allerdings kein großartiges, sondern ein kleinartiges Schauspiel. Denn die Ausstrahlung des Übergehirns wird sich nicht nach außen ins Nichts, sondern nach innen auf lauter winzige Terminals richten. Ein Mosaikschauspiel, ein Spiel mit Steinchen. Das Übergehirn wird nach innen spielen, es wird träumen. Ein universales Schauspiel als Zusammensetzspiel von winzigen Vorstellungen. Eine schwarze Kiste aus lauter schwarzen Kammern. Eine universale Orchestration von lauter Kammermusiken.

Es heißt, die Kammermusik ins Auge zu fassen. Und zwar nicht so, wie wir sie in Konzertsälen erleben, sondern wie sie jene erleben, die zusammengekommen sind, um Musik zu treiben. Ich stelle mir vor, daß diese Musiker nicht zusammenkommen, um Partituren zu spielen, sondern (wie dies in der Renaissance üblich war) um anhand von Partituren zu improvisieren. Und daß während des Spiels ein Tonband läuft, anhand dessen künftige Kammermusiker improvisieren werden. Das heißt, ich schlage die Kammermusik als ein Modell vor. Und zwar als ein Modell für dialogische Kommunikation im allgemeinen, aber für die telematisierte Kommunikation im besonderen.

Die Grundlage eines derartigen Musizierens ist eine »ursprüngliche« Partitur, ein Programm, eine Vorschrift. Aber sie wird sehr bald hinter dem Horizont der Kammermusiker verschwinden, denn diese werden anhand von Tonbändern von Tonbändern von Tonbändern, von immer neu programmierten Gedächtnissen improvisieren. Es gibt bei der Kammermusik keinen Dirigenten, keine Regierung. Wer den Takt angibt, ist jener, der gerade vorübergehend das Wort führt. Trotzdem ist aber gerade bei der Kammermusik die Exaktheit der Regelbefolgung entscheidend. Sie ist kybernetisch. Die Kammermusik ist »reines Spiel«, sie wird von Spielern für die Spieler selbst gespielt, und Zuhörer sind überflüssig und störend. Nicht das Zuschauen (Theorie), sondern das Mitspielen (Strategie) ist ihre Methode. Jedes Instrument spielt, als sei es solo, und gerade deshalb, als sei es Begleitung. Jeder spielt für sich selbst, und gerade deshalb mit allen anderen. Jeder improvisiert gemeinsam mit allen anderen, das heißt hält sich an genaue Regeln (Konsensus), um diese im Laufe des Spiels gemeinsam mit den anderen zu verändern. Jeder Spieler ist zugleich Sender und Empfänger von Information, und sein Ziel ist, daß daraus eine neue Information synthetisiert werde, um aus dem Spiel emporzutauchen. Diese Information ist »rein«, hat keine dingliche Unterlage, außer selbstredend dem Tonband. Aber dieses Tonband ist nicht etwa das Werk der Kammermusik (das Resultat einer Arbeit), sondern ihr zugleich ewiges und beliebig übespielbares Gedächtnis. Es ist sinnlos, die Bedeutung der dabei emportauchenden Information anderswo als im Spielen selbst, in den Spielern und in den Spielregeln zu suchen.

Kurz: Die Kammermusik kann als ein Modell der telematischen Gesellschaftsstruktur dienen. Sie selbst ist zwar vortelematisch, vorapparatisch, vorautomatisch, sie ist eine vorindustrielle Kommunikationsform. Und doch stellt sich gegenwärtig heraus, daß bei ihr (wie vielleicht auch beim Jazz, der so stark an Kammermusik erinnert) viele Aspekte der nachindustriellen Kommunikation und vor allem der Aspekt der »Kamera obscura« im Keim angelegt sind. Das mag das sonst eigentlich überraschende Interesse der Gegenwart an Kammermusik (und am Jazz) erklären: Wir erkennen darin die heranrückende Gesellschaftsform.

Vergleicht man die Struktur der Kammermusik mit jener der emportauchenden Telematik, dann stellt man allerdings nicht nur Parallelen, sondern auch Divergenzen fest. Bei klassischen Partituren sind Leerstellen vorgesehen, die zu Improvisationen auffordern, während das Programm eine Aufforderung zur Improvisation an sich ist. In diesem Sinne sind manche modernen Partituren Programme zu nennen. Sodann: Was bei der Kammermusik das Tonband ist, sind in der Telematik die künstlichen Gedächtnisse; doch sind diese Intelligenzen im Unterschied zum Tonband aktiv am Dialog beteiligt, so daß bei ihnen Vergangenes, Gegenwärtiges und Zukünftiges verschmelzen. Der wesentliche Unterschied zwischen Kammermusik und

Telematik ist indes dieser: Die Kammermusik verläuft in einer linearen Zeit, sie entwickelt Themen, und eine Improvisation folgt auf die andere. Die Telematik hingegen findet in der zeitlichen und örtlichen Simultaneität statt, und alle Entscheidungen hinsichtlich der Themen und ihrer Variationen werden überall zugleich von allen Spielern getroffen. Das eben ist der Unterschied zwischen dem Druck auf eine Klavier- und eine Apparat-Taste.

Trotz dieser Unterschiede jedoch war der Vergleich zwischen Kammermusik und Telematik für mich schon lange naheliegend, lange bevor ich daranging, diesen Essay zu schreiben. Hätte ich ihn an einer früheren Stelle dieser meiner Überlegungen vorgeschlagen, ich hätte damit den Einblick in die Telematik erleichtert. Leider habe ich mich gezwungen gesehen, das Modell bis jetzt zu unterdrücken: weil es nämlich aus der Welt der Musik kommt. Und wie der Leser ja sicherlich mit Überraschung und Unwillen festgestellt hat, habe ich alles, was mit Ohr und Mund, mit Ton und Wort zu tun hat, aus meinen Überlegungen ausgeschaltet. Ich habe den »audio-visuellen« Charakter des emportauchenden Universums der technischen Bilder verschwiegen. Ich bin nämlich überzeugt, daß erst jetzt der Augenblick gekommen ist, hierüber zu sprechen. Und diese meine Überzeugung stellt eines der Motive dieser Arbeit dar.

Das Universum der Musik ist, laut Schopenhauer, die »Welt als Wille«. Es stellt nichts vor. Diesem Universum setzt Schopenhauer die »Welt als Vorstellung«, das Universum der Bilder, entgegen. Das Universum der Musik taucht nicht aus irgendeiner Imagination empor, sondern aus irgendeinem »biologischen« Antrieb. Und die musikalischen Informationen richten sich nicht an irgendeine decodifizierende Fähigkeit im Empfänger (etwa an ein mit Ohren gekoppeltes Gehirn), sondern sie durchdringen den Körper des Empfängers: mit Schwingungen, welche diesen Körper zum Mitschwingen (Sympathie) bringen. Demgegenüber taucht das Universum der Bilder aus der Imagination empor, aus einer Art von Intellekt, es stellt etwas vor, und es will entziffert werden. Und so stellt sich das Universum der Bilder (die Welt als Vorstellung) vor das Universum der Musik (vor die

Welt als Wille) und verdeckt es wie ein Schleier. Mit anderen Worten: Die Welt der Musik ist konkretes Leben (Wollen und Leiden), und die Welt der Bilder ist abstraktes Gaukeln, »Maia«. Ich werde nun gegen Schopenhauer argumentieren.

Die Welt der Musik ist ein komponiertes Universum. Komponieren und Komputieren sind Synonyme. Wir mußten nicht erst auf die elektronische Musik warten, um diesen Charakter der Musik zu erkennen: Das Universum der Musik ist ein ebenso kalkuliertes und komputiertes wie das der technischen Bilder. Zwar sind die technischen Bilder kalkulierte und komputierte Vorstellungen und gehören in diesem Sinne der schopenhauerschen Welt als Vorstellung an. Aber wie ich dies im vorgeschlagenen Modell anzudeuten bemüht war, gemahnt das Universum der technischen Bilder in vielem an das musikalische Universum. Zwar ist es, im Gegensatz zum musikalischen, ein Oberflächenuniversum, aber es ist, gleich dem musikalischen, ein »reines« Universum, ein von semantischen Dimensionen emanzipiertes. Die technischen Bilder sind »reine« Kunst in jenem Sinne, in dem es vorher nur die Musik war. Darum läßt sich sagen, daß mit dem Emportauchen der technischen Bilder eine neue Bewußtseinsebene erreicht ist: jene nämlich, auf welcher mit Einbildungskraft musiziert wird.

Nur so, glaube ich, ist der »audio-visuelle« Charakter des Universums der technischen Bilder einzusehen. Seit komputiert wird, eilen die technischen Bilder spontan zum Ton und der Ton spontan zu den Bildern, um sich zu verbinden. Anders gesehen: Alle vortechnischen Bilder und alle vortechnische Musik können als Tendenzen hin zum technischen tönenden Bild verstanden werden – so daß erst im technischen Bild Musik zu Bild und Bild zu Musik wird. Es gibt zwar gegenwärtig Apparate (die »electronic intermixers«), welche automatisch Bild in Ton und Ton in Bild übersetzen, aber dies ist es gerade nicht, was hier gemeint ist. Im tönenden Bild »intermixen« sich Bild und Musik nicht, sondern sie werden beide auf eine neue Ebene gehoben, auf jene Ebene, die der Begriff »audio-visuell« meint, aber bisher nicht fassen konnte, da er aus der vorangegangenen Ebene stammt.

Die einsetzende Musikalisierung des Bildes und die Verbildlichung der Musik hat sich von langer Hand her vorbereitet. Man kann sie zum

Beispiel in der sogenannten »abstrakten Malerei« und in den Partituren der neueren musikalischen Kompositionen erkennen. Aber erst bei synthetischen Bildern wird tatsächlich musikalisch eingebildet und mit Einbildungskraft musiziert, und es wird sinnlos werden, zwischen Musik und sogenannten »bildenden« Künsten unterscheiden zu wollen. Gerade weil alle Menschen Komponisten sein werden, werden sie Bilder machen. Das Universum der technischen Bilder kann als ein Universum der musikalischen Einbildungskraft angesehen werden. Und der vorliegende Essay versteht sich als Argument für diese Behauptung.

Die visuellen und akustischen Techniken werden im Zuge ihrer gemeinsamen Elektronisierung nicht mehr zu trennen sein, und es ist geradezu rührend anzusehen, wie die hergebrachte Trennung zwischen »bildenden« und »Tonkünsten« verhütet, daß die sogenannten »Computerkünstler« ihre Bilder tönen lassen. Das ist nicht mit dem Widerstand vergleichbar, den etwa die Filmproduzenten nach dem Ersten Weltkrieg dem Tonfilm gegenüber zu leisten versuchten. Damals gab es tatsächlich noch eine technische Hürde zwischen Bild und Musik, zwischen der Welt als Vorstellung und der Welt als Wille. Heute indes besteht diese Hürde nur noch im Denken der von überholten Kategorien beschränkten Erzeuger. Die sogenannte »Computerkunst« schreit nicht nur ihrer Struktur, sondern auch ihrer Technik zufolge nach tönenden Bildern und bildlichen Tönen, und nicht nur die Computer»kunst« tut dies, sondern schlechthin alle synthetischen Bilder und Kompositionen, auch jene, welche sich nicht als Kunst, sondern als wissenschaftliches oder politisches »Dokument« präsentieren. Einbildungskraft und Musik sind von nun an nicht mehr zu trennen.

Das emportauchende Universum der technischen Bilder zugleich als »Welt der Vorstellung« und »Welt als Wille« – diese schopenhauersche Vorstellung erlaubt ganz verschiedenartige Interpretationen. Zum Beispiel eine nietzscheanische: Im technischen Bild kommt der Wille zur Macht in Form der ewigen Wiederholung, und dadurch konkretisieren sich die Vorstellungen. Das ist eine verführerische Lesart. Man kann nämlich »Wille zur Macht« als negativ »entropische Tendenz«

und »ewige Wiederholung« als »Multiplikabilität« interpretieren und schließlich den »Übermenschen« als »kybernetisches Übergehirn«. Ich glaube aber doch, daß die gegenwärtige Tendenz, Nietzsche als einen Propheten zu lesen, mit einem Salzkorn zu nehmen ist, weil man sonst Gefahr läuft, das Neue in der sich anbahnenden Emergenz aus dem Griff zu verlieren.

Dieses Neue glaube ich im Traumhaften dieser emportauchenden tönenden Bilderwelt am Zipfel packen zu können. Eine Traumwelt, in der jedoch die Träumenden außerordentlich wach sein werden. Denn beim bilderzeugenden Tastendruck muß der Träumer klare und distinkte Begriffe kalkulieren und komputieren. Eine Traumwelt also, die nicht »unter« dem wachen Bewußtsein liegt, sondern »darüber« lagert, eine bewußte und bewußt erzeugte, eine »überbewußte« Traumwelt. Es wird daher sinnlos sein, die Träume deuten zu wollen: Sie werden nichts als sich selbst bedeuten, und sie werden konkret sein. Eine Welt der »reinen Kunst«, des Spielens als Selbstzweck. »Ludus imaginis« als »Ludus tonalis«, und das emportauchende Bewußtsein der Einbildungskraft als das des »Homo ludens«.

Was dieser Essay zu erzählen versucht hat, ist eine Fabel. Er erzählt von einem fabelhaften Universum, dem der technischen Bilder. Von einer fabelhaften Gesellschaft, der des kybernetischen Dialogs. Von einem fabelhaften Bewußtsein, dem des mit Einbildungskraft Musizierens. Er erzählt davon voller Hoffnung und zugleich mit Furcht und Beben. Denn die Fabel, die er erzählt, ist eine Katastrophe, so wie sie daran ist, aus ihrer Schale zu brechen. Und diese Schale sind wir. »De te fabula narratur.«

20. RAFFUNG

Der Weg, den die vorliegenden Überlegungen gegangen sind, ist ein Weg voller Schlingen. Er schlängelt sich nämlich durch ein Dickicht von Problemen. Und wer ihm folgt, mag das Gefühl haben, im Kreis an der Nase herumgeführt zu werden. Es wäre ein leichtes gewesen, diesen Weg zu glätten: Quer durch das Dickicht der Probleme eine geradlinige Autobahnschneise zu schlagen, so wie dies etwa in Amazonien geschehen ist. Ich habe jedoch mit Autofahren (und mit Amazonien) einige Erfahrung. Nichts ist langweiliger als Autobahnen. Es sind gerade die Kehren um die Probleme herum, welche die Reise lohnend machen: Sie bieten Aussichten auf die Probleme.

Am Ende dieser Arbeit ist jedoch ein Überblick geboten. Ich werde mich daher in einen Helikopter setzen, um die bereiste Gegend zu überschauen. Indes: Die Alpen sind zwar von oben gesehen fotogen, aber man erfährt sie erst, wenn man klettert.

Dieser Essay besteht aus zwanzig Kapiteln, das heißt, zwanzig Probleme sind unter den unzählig vielen herausgegriffen worden, welche sich zwischen uns und der heranrückenden Zukunft der technischen Bilder türmen. Es sind die folgenden Probleme:

1. *Abstrahieren:* Was sind technische Bilder? – Sie sind etwas anderes als alle vorangegangenen Bilder, und zwar nicht nur (wie wir zu sagen verleitet sind), weil sie von technischen Apparaten hergestellt werden. Sondern im Gegenteil: Sie werden von Apparaten hergestellt (und können nur von Apparaten hergestellt werden), weil sie einer anderen – und abstrakteren – Bewußtseinsebene entspringen als die vorangegangenen Bilder.

2. *Imaginieren:* Aus welcher Bewußtseinsebene sind denn die vorangegangenen Bilder entstanden? – Aus jener uralten Ebene, auf welcher sich der Mensch befand, als er Abstand nahm von seinem Umstand, um ihn zu überblicken und zu imaginieren. Aus einer prähistorischen Ebene also.

3. *Konkretisieren:* Und welcher Bewußtseinsebene entspringen die technischen Bilder? – Jener Ebene, in welche wir emportauchen, wenn die Welt um uns herum und unser eigenes Bewußtsein in punktartige Elemente zerfallen und es also gilt, diese Elemente zu kalkulieren und zu komputieren, das heißt in Bilder zu setzen. Der Bewußtseinsebene der Einbildung also.

4. *Tasten:* Wie aber können wir diese Punktelemente, die ja doch unfaßbar, unsichtbar und ungreifbar sind, in Bilder setzen? – Mittels mit Tasten versehener Apparate. Was die Frage aufwirft, ob und wie diese Tasten die Apparate kontrollieren und wie die Tasten geschaltet sind und geschaltet sein sollen.

5. *Einbilden:* Wenn demnach die technischen Bilder eigentlich Mosaiken sind und keine echten Flächen, wie können wir sie als Bilder ansehen? – Eben dank der neu in uns emportauchenden Fähigkeit, uns Abstraktestes (Punktelemente) als etwas Konkretes einzubilden. Das allerdings erfordert von uns, statt zwischen »real« und »fiktiv« nunmehr zwischen »konkret« und »abstrakt« zu unterscheiden. Eine erkenntnistheoretische, ethisch-politische und ästhetische Revolution ist im Gange.

6. *Bedeuten:* Was bedeuten eigentlich die technischen Bilder, diese kalkulierten und komputierten Mosaiken? – Sie sind Modelle, welche einer zerfallenen Welt und einem zerfallenen Bewußtsein Form verleihen, sie »informieren« sollen. Daher ist bei ihnen der Bedeutungsvektor im Vergleich zu den vorangegangenen Bildern umgekehrt worden: Sie empfangen ihre Bedeutung nicht von außen, sondern sie projizieren sie nach außen. Sie geben dem Absurden Sinn.

7. *Verkehren:* Wie funktionieren die technischen Bilder als Modelle? – Sie funktionieren durch Feedback zwischen sich und ihren Empfängern. Die Menschen verhalten sich nach den Bildern, und die Bilder greifen dieses Verhalten auf, um als immer bessere Modelle funktionieren zu können. Dieses Feedback ist ein Kurzschluß, und es droht mit Verfall in Entropie und mit Erschöpfung aller Geschichte.

8. *Streuen:* Wie sieht eine Gesellschaft aus, die in dieser Weise Bilder füttert? – Es ist eine von den Sendern zentral kontrollierte, »faschistische« Gesellschaft, in der die hergebrachten Gesellschaftsstrukturen zerfallen und die Menschen zu amorpher Masse zerstreut werden. Die Bilder dienen dieser Zerstreuung.

9. *Vorschreiben:* Wie werden die Bilder ausgesandt, um derart die Gesellschaft kontrollieren zu können? – Sie werden in automatischen Apparaten erzeugt und automatisch durch Kanäle an die Empfänger geleitet. In diesen Apparaten werden einige Funktionen durch Menschen (Funktionäre) und andere durch nichtmenschliche Automaten vollzogen, wobei die Funktionäre den größten Teil der Gesellschaft bilden. Es ist ein apparatischer Totalitarismus.

10. *Besprechen:* Ist es möglich, diesen »faschistischen«, totalitären Schaltplan der Bilder umzuschalten? – Ja, die Telematik erlaubt es. Sie ist eine Technik des Dialogisierens, und wenn die Bilder dialogisch geschaltet sind, kann der Totalitarismus einer demokratischen Struktur weichen.

11. *Spielen:* Wie können durch Dialoge Bilder gemacht werden? – Der Dialog ist ein Informationsaustausch, bei welchem neue Informationen entstehen. Er ist negativ entropisch. Und die Telematik ist eine Spielstrategie, welche darauf abzielt, den Dialog in Richtung der Erzeugung neuer Informationen (vor allem Bilder) zu steuern.

12. *Schaffen:* Welches Interesse hat der Einzelmensch, an solchen Dialogen teilzunehmen, wo doch das Resultat nicht sein eigenes Werk ist, sondern das Werk einer Gruppe von Anonymen? – Er wird vom Spieltrieb mitgerissen, vom Rausch des schöpferischen Spiels.

13. *Bereiten:* Ist demnach jeder künftige Mensch ein potentieller Schöpfer? – Er ist es, denn der telematische Dialog ist nicht nur eine Strategie der Informationserzeugung, sondern vor allem auch eine Schule des Schaffens. Eine Schule der Freiheit.

14. *Entscheiden:* Wie lernt man in einer solchen Schule, Schöpferisches von Nachahmung, Information von Redundanz zu unterscheiden? – Die Telematik bietet Kriterien für eine derartige kritische Unterscheidung und Entscheidung zugunsten von Informationen. Sie gewährt kritischen Abstand.

15. *Herrschen:* Wie würde eine Gesellschaft aussehen, in der alle Beteiligten Schöpfer und Kritiker wären? – Sie wäre ein kybernetisch gesteuertes Netz, in welchem nicht mehr die Knoten (die Einzelmenschen), sondern die Fäden (die zwischenmenschlichen Beziehungen) das Konkrete bilden. Diese Auflösung des »Ich« im »Wir« wäre von einer Auflösung des Raums und der Zeit in kosmische Simultaneität begleitet. Es wäre eine Gesellschaft der simultanen konsensuellen Entscheidung, eine Art von kosmischem Gehirn.

16. *Schrumpfen:* Wie kann eine derart zerebralisierte Gesellschaft mit der individuellen Körperlichkeit des Menschen fertigwerden? – Sie kann den menschlichen und überhaupt allen Körpern ihr Interesse entziehen und es statt dessen auf die immateriellen technischen Bilder, die »reinen Informationen« richten. Eine solche Umkehrung des Interessenvektors hätte eine seltsame Freiheit, nämlich die der Verachtung der Dinge und der Bedingungen, zur Folge.

17. *Leiden:* Wie aber kann man den Menschenkörper ignorieren, wo wir doch an ihm leiden und sterben? – Wirtschaft und Medizin (die Bekämpfung des Leidens und die Verzögerung des Sterbens) können robotisiert werden und damit aus dem Blickfeld verschwinden. Und wenn das Leiden unstillbar wird und dadurch das Sterben wünschenswert, dann muß der allgemeine Dialog über dieses Sterben entscheiden. Das wäre eine Entscheidung des Mitleids; denn wenn das »Ich« im »Wir« aufgeht, verwandelt sich Leiden in Mitleiden.

18. *Feiern:* Wie kann ein derart alles Körperlichen (aller Arbeit und alles Leidens, aller Aktivität und aller Passivität) enthobener Mensch, ein sich nur auf »reine Information« konzentrierender Mensch leben, und ist dies noch ein Leben zu nennen? – Überhaupt erst dies ist ein menschliches Leben zu nennen, und alle vorangegangenen Lebensformen sind im Vergleich dazu nicht mehr als vormenschliche Annäherungsversuche. Denn ein solches in der Kontemplation von selbstgeschaffenen Bildern geführtes Leben wäre ein Leben in der Muße, ein feierliches Leben mit dem anderen, für den anderen und angesichts des ganz anderen.

19. *Kammermusik:* Welcher Art wäre ein solches feierliches Leben? – Es wäre wie ein bewußt selbst hergestellter Traum, ein bewußt ein-

gebildetes Leben. Ein künstliches Leben in der Kunst, ein Leben als Spiel mit Bildern und Tönen. Ein fabelhaftes Leben, was besagt, daß dieser ganze Essay auf eine Fabel hinausläuft – wenn auch auf eine technisch möglich gewordene Fabel.

20. *Raffung:* Kann man diese Fabel überblicken? – Man kann es, aber dann wird sie banal und unglaubwürdig. Denn was an ihr informativ und glaubwürdig ist, steckt in der Diskussion der neunzehn oben aufgezählten Probleme, und diese Probleme sind gegenwärtig.

EDITION FLUSSER

BAND I: VOM ZWEIFEL

Das Frühwerk aus brasilianischer Zeit, 1963/64 unter dem Titel ›Da Dúvida‹ entstanden, legt die Basis nicht nur zu Flussers späterer Foto- und Medientheorie, sondern zu seinem weiteren philosophischen Denken überhaupt. »Der Zweifel ist ein vielbedeutender Geisteszustand. Er kann das Ende eines Glaubens sein, er kann aber auch zu einem neuen Glauben führen. Der Zweifel beendet jede Gewißheit. Im Extremfall kann man ihn als ›Skepsis‹ ansehen, als eine Art umgekehrten Glauben. In kleiner Dosis regt der Zweifel das Denken an, in übermäßig großer Dosis paralysiert er die geistige Tätigkeit. Als intellektuelle Erfahrung ist der Zweifel ein reines Vergnügen, als moralische Erfahrung ist er eine Qual. Zusammen mit der Neugier ist der Zweifel die Wiege der Forschung, folglich die Wiege eines jeden systematischen Denkens.« Aus dem Portugiesischen von Edith Flusser. 64 Seiten, 2006.

BAND II: DIE GESCHICHTE DES TEUFELS

»Der Mensch hat Gott und den Teufel nach seinem Gleichnis erschaffen.« Flussers Erstlingswerk, in den Jahren 1957/58 in Brasilien geschrieben, liegt hier in seiner deutschen Originalversion vor: die Geschichte des Teufels als Geschichte des Fortschritts und Kritik der Wissenschaft, Technik, Ökonomie, Kunst, erzählt anhand der sieben Todsünden. 200 Seiten, 3. Auflage 2006.

BAND III: FÜR EINE PHILOSOPHIE DER FOTOGRAFIE

Flusser untersucht die Fotografie als ästhetisches, wissenschaftliches und politisches Phänomen und findet darin den Schlüssel zu einer umfassenden Analyse der gegenwärtigen Kulturkrise. Klar, brillant und mit provozierender Ironie geschrieben, avancierte der Band zu einem Meilenstein philosophischer Fotokritik, der heute in fünfundzwanzig Sprachen vorliegt. 80 Seiten, 12. Auflage 2018.

BAND IV: INS UNIVERSUM DER TECHNISCHEN BILDER
Flussers Theorie einer telematischen Gesellschaft, 1984 als Fortführung der »Fotophilosophie« erschienen, stellt sich als eine visionäre Philosophie des Internets dar, brillant geschrieben und atemberaubend zu lesen. Ausgehend von den in der Gegenwart erkennbaren Phänomenen entwickelt er ein Modell der zukünftigen Gesellschaft und der sie bestimmenden Daseinskategorien. Eine Utopie also, doch nicht im Sinne einer bloßen Futurisierung des Fantastischen, sondern als Kritik an der Gegenwart verstanden. Denn was immer wir für die Zukunft erwarten können, ist bereits in der Gegenwart angelegt und kann – als Möglichkeit – aus ihr herausgelesen werden. 184 Seiten, 7. durchges. Auflage 2018.

BAND V: DIE SCHRIFT – HAT SCHREIBEN ZUKUNFT?
Flusser stellt das Schreiben schriftlich in Frage. Er macht deutlich, welche Rolle der alphanumerische Code in unserer Kultur einnimmt und was wir zurücklassen, wenn wir zu schreiben aufhören. »Nie zuvor ist der Fortschritt der Geschichte so atemlos gewesen wie seit der Erfindung der bildermachenden Apparate. Denn endlich hat die Geschichte ein konkretes Ziel, dem entgegen sie läuft, das Ziel, ins Bild gesetzt zu werden.« 160 Seiten, 5. Auflage 2002.

BAND VI: VAMPYROTEUTHIS INFERNALIS
Zusammen mit Louis Bec, der zu diesem Band fünfzehn Zeichnungen beisteuerte, entwirft Flusser eine Philosophie des Menschen aus der Sicht des Anti-Menschen, eines Unterwasserungeheuers namens Vampyroteuthis infernalis. Die Exkursion mit Flusser und Bec wird zur Höllenfahrt ins Paradies. 88 Seiten, 4. Auflage 2018.

BAND VII: ANGENOMMEN – EINE SZENENFOLGE
In dieser Sammlung vergnüglich zu lesender Zukunftsszenarien bündelt sich Flussers Beitrag zu einer neuen experimentellen, fiktiven Philosophie, die statt von Wahrheiten von Möglichkeiten und Wahrscheinlichkeiten zu erzählen weiß. Ein philosophisches Juwel, zugleich Flussers letzte Monografie. 108 Seiten, 2. Auflage 2000.

BAND VIII: STANDPUNKTE. TEXTE ZUR FOTOGRAFIE
Herausgegeben von Andreas Müller-Pohle. Das Erscheinen des Essays *Für eine Philosophie der Fotografie* im Jahre 1983 löste im deutschen Sprachraum eine lebhafte Debatte über das Kulturphänomen Fotografie aus, an der sich Vilém Flusser auf mannigfache Weise beteiligte. In der Folge entstanden zahlreiche Exposés, Skizzen, Werkanalysen, Essays und Vorträge, aus denen der vorliegende Band, in chronologischer Zusammenstellung, eine reiche Auswahl bietet. Ein spannendes Fotolesebuch und glänzendes Pendant zur »Fotophilosophie«. 255 Seiten, 1998.

BAND IX: ZWIEGESPRÄCHE. INTERVIEWS 1967–1991
Herausgegeben von Klaus Sander. Vilém Flusser war ein außergewöhnlicher Redner und enthusiastischer Gesprächspartner. Eine Sammlung seiner Interviews bietet insofern eine treffliche Einführung in sein verzweigtes philosophisches Denken – ein Denken, das über den in den 1980er Jahren vorherrschenden Medien- und Kommunikationsansatz weit hinausreicht und Flusser als universalen Kritiker unserer Kultur vorstellt. 255 Seiten, 1996.

BAND X: BRIEFE AN ALEX BLOCH
Herausgegeben von Edith Flusser und Klaus Sander. Alex Bloch teilte mit Vilém Flusser das Schicksal eines nach Brasilien emigrierten Prager Juden. Er war für Flusser der Kritiker par excellence und zugleich ein »Steppenwolf«, der zahlreiche Persönlichkeiten und Rollen verkörperte, jedoch die eines Freundes vermissen ließ. Eine ergreifende Korrespondenz, begonnen 1951 in Rio de Janeiro und wiederaufgenommen 1972 nach Flussers Rückkehr nach Europa. 231 Seiten, 2000.